Anne-Marie DALMAIS

12 Contes pour rêver

ILLUSTRATIONS de ANNIE BONHOMME

Nathan

Anne-Marie Dalmais a aussi publié
chez le même éditeur :

La Ronde des heures

Idée de Anne-Marie Dalmais

N° d'éditeur : H 39 462
ISBN 2-09-277 152-3
Imprimé par Artes Graficas Toledo, S.A.
D. L. TO:1174 -1986

Sommaire

Contes du soir

Contes de la nuit

Présentation

La nuit tombe sur le petit village de Champignon-sous-Bois, une nuit d'automne, humide et voilée de brouillard... Les habitants se hâtent de rentrer chez eux, dans leurs maisons tièdes et confortables : ils passeront certainement une douce soirée de repos...
D'habitude, la nuit est faite pour dormir. Les heures s'écoulent en un clin d'œil, sans histoire : l'on pose sa tête sur l'oreiller, et puis, comme par magie, bonsoir, bonjour, c'est déjà le matin !

Eh bien, non ! C'est justement le contraire qui va se produire !
Ce samedi, une série d'événements imprévus détraque le calme habituel ; des affaires compliquées ou comiques tiennent éveillés bon nombre de villageois. Pourquoi, à votre avis, le gendarme Grand-Finaud joue-t-il du tambour à onze heures du soir ? Quels sont ces mystérieux visiteurs qui viennent frapper, au milieu de la nuit, à la porte de la famille Lapin ? Sachez encore que Mademoiselle Lacocotte a découvert un tiroir secret, peut-être même un trésor, et que le jeune Biquet Freluquet a fait le cauchemar le plus abracadabrant de sa vie !

À chaque heure de cette nuit particulière se déroule dans le village un véritable petit roman d'aventures !
Douze heures, douze contes pour rêver...

Monsieur Serpolet est en retard !

Le crépuscule a enveloppé d'ombre les maisons et les jardins de Champignon-sous-Bois. Un brouillard d'automne, épais et humide s'enroule autour du village comme une écharpe de coton blanc. Tout est obscur et mystérieux.

Le long de la Grand-Rue, les lueurs jaunes des réverbères éclairent à peine les trottoirs ; les habitants se hâtent de rentrer chez eux ; la nuit tombe.

La pendule de la poste indique sept heures du soir : c'est le moment de la fermeture. La postière, Mademoiselle Correspondance, commence donc à éteindre les lumières, une à une.

Soudain, la porte de son bureau s'ouvre violemment et voici qu'apparaît, l'air affolé, Madame Serpolet !

Elle est méconnaissable, cette Lapine d'habitude si discrète et si calme. Regardez-la : elle tremble comme une feuille, elle bredouille, elle tortille ses pattes ; le nœud, dont elle a orné coquettement ses oreilles, est complètement de travers ; elle n'a même pas retiré son tablier de ménagère.

— Avez-vous reçu un message ? Un message de mon mari ? balbutie-t-elle.

— Non ! Pourquoi ? répond la postière, surprise.

— Parce qu'il est très en retard, très, très en retard.

— Peut-être, admet la Chatte, mais que puis-je y faire ?
— Eh bien, je n'ai pas le téléphone à la maison, explique enfin Madame Serpolet. Et j'ai pensé que Monsieur Serpolet avait sans doute téléphoné à la poste pour m'avertir.
— Non, je regrette, je n'ai reçu aucun appel.
— Misère, misère, se lamente la Lapine, essuyant une larme avec le coin de son tablier brodé de trèfles... Que je suis inquiète ! Il est parti à la ville, avec notre fils, Complaisant, pour acheter une boîte à outils. Ils devaient être rentrés à quatre heures, pour le goûter, et ils ne sont toujours pas là...

— Eh bien, ils auront été retardés, c'est tout ! conclut Mademoiselle Correspondance, pleine de bon sens. Tranquillisez-vous, Madame ! Retournez chez vous. Je suis désolée, je dois fermer la poste maintenant.
— Oui, oui, bien sûr. Merci, Mademoiselle.

La postière éteint la dernière lumière, ferme la porte à clé, et, après un bref salut à Madame Serpolet, enfourche sa bicyclette dont le phare orange s'éloigne dans la nuit...

La malheureuse Lapine s'engage dans la Grand-Rue. Le brouillard s'est encore épaissi : il a une odeur mouil-

lée de feuilles mortes, de terre et de fumée, la fumée de tous ces feux, qui réchauffent les villageois.

Madame Serpolet frissonne. Elle passe devant la boulangerie. Madame Brioché est occupée à fermer boutique. Elle baisse les stores de toile bleu roi.

— Eh bien, Madame Serpolet, s'écrie-t-elle sur un ton joyeux. Que faites-vous dans la rue à cette heure-ci ? Ce n'est pas votre habitude, et ce n'est pas un temps à se promener ! Vous devriez préparer votre dîner !

La bonne humeur de l'Oursonne avive encore la tristesse de la pauvre Lapine. Elle le sait trop bien, la malheureuse, qu'à sept heures et demie du soir, normale-

ment, elle sert une bonne assiette de soupe fumante à son mari et à leur cher Lapinot...

Soupirs, hochements de tête et gesticulations : Madame Serpolet lui raconte ses malheurs.

— Vous êtes bien sotte de vous tourmenter ! répond carrément Madame Brioché. Il y a peut-être eu des encombrements sur la route, ils ont été retardés pour une raison ou pour une autre. J'ai l'habitude, mon mari ne revient jamais de sa tournée à la même heure. Si cela se trouve, Monsieur Serpolet est rentré en votre absence, et c'est lui qui s'inquiète de votre disparition ! Je n'ai qu'un conseil : retournez chez vous au plus vite ! Bonsoir Madame Serpolet !

Au lieu de suivre cette sage recommandation, notre Lapine s'aventure en direction de la place du Marché. "Aventure" est le mot, car, avec le brouillard qui tombe et l'obscurité grandissante, c'est hasardeux de se risquer dans ce quartier mal éclairé. Mais la Lapine est si préoccupée qu'elle ne fait guère attention et elle manque de se faire écraser par Monsieur Sur-Mesure qui rentre chez lui dans sa vieille voiture bleue !
— Attention ! Ah ! C'est vous, Madame Serpolet ! Vous m'avez fait peur ! Il faut regarder avant de traverser ! Vous n'avez pas mal au moins ?
— Non... Non... bredouille la Lapine.

— Puis-je vous reconduire chez vous ? propose aimablement le Castor.
— Non ! Non merci ! répond brusquement Madame Serpolet. Je... Je dois faire une course chez la mercière.

Pourquoi invente-t-elle cette excuse incroyable ? Elle n'en sait trop rien elle-même. Sans doute parce que l'inquiétude lui fait un peu perdre la tête.

Il est vrai qu'il y a encore de la lumière dans la boutique de Mademoiselle Fil-à-Fil. Madame Serpolet s'y précipite ! La mercière sursaute à l'arrivée de cette cliente tardive.

— Je ferme, dit-elle. Excusez-moi. Vous voyez, mon voisin, Monsieur Lecoq, est venu m'aider à accrocher mes volets de bois. Vos achats étaient-ils très urgents ?
— Oui... Non... C'est-à-dire, peut-être... Je ne sais plus, marmonne Madame Serpolet.
— Pendules à bascule ! Que signifie ce charabia ? s'exclame Monsieur Lecoq, en posant le volet qu'il tentait de fixer à la devanture. Expliquez-vous, Madame, que désirez-vous ?
— Ils sont tellement en retard... Misère, quel tourment ! murmure, les yeux hagards, l'étrange cliente.
— Horloge et sucre d'orge ! Que nous chantez-vous là, Madame ? s'impatiente le Coq.

— Est-ce que vous vous sentez bien ? s'inquiète Mademoiselle Souris, compatissante. Entrez chez moi, asseyez-vous, je vais vous chercher un verre d'eau.

La Lapine se laisse conduire dans la jolie boutique, avale quelques gouttes d'eau sucrée et puis, au milieu des mètres de ruban et des flots de dentelles, de bobines de soie et de cartes de boutons, de fils de toutes les couleurs et d'aiguilles de toutes les tailles, madame Serpolet raconte ses soucis.

— Par mon oignon ! s'écrie le Coq, en tirant de sa poche sa petite montre ronde, il n'est que sept heures

et demie, ma chère dame, et votre mari n'est pas vraiment en retard !
— Et qui vous dit qu'il n'est pas chez vous à cette heure-ci ? remarque finement Mademoiselle Fil-à-Fil.
— Très juste, voisine, très juste ! approuve Monsieur Lecoq. Madame, je vous conseille de rentrer chez vous et, même, puisque vous me semblez un peu troublée, je propose de vous accompagner !
— Moi aussi, ajoute la mercière, de sa voix acidulée.

En quatre battements d'aile, monsieur Lecoq a barricadé la mercerie et marche vers la Grand-Rue.

— Par l'aiguille de mon chronomètre ! Je n'ai jamais vu pareil brouillard !
— Justement, pleurniche Madame Serpolet, mon mari est perdu dans ce brouillard.
— Balivernes et ressorts cassés ! La voiture de votre mari est équipée de phares qui percent la nuit et...
A cet instant, notre Coq est interrompu par une voix malicieuse et câline qui tombe du ciel.
— Où allez-vous, compère Lecoq, par cette belle nuit ?

Déconcerté, le Coq lève la tête, ne voit rien, s'agite, ébouriffe ses plumes et s'écrie :

— Par le tic du toc, qui me parle ainsi ?

Un rire de velours lui répond, celui de Madame Chattemite qui ferme ses volets.

On s'arrête, on s'explique, et Madame Chattemite comprend immédiatement que ce n'est pas le moment de plaisanter. Mieux, elle propose, elle aussi, d'accompagner Madame Serpolet.

Menées au pas cadencé, tic-tac, tic-toc, par Monsieur Lecoq, les trois dames silencieuses tournent bientôt le chemin des Lilas ; à quelques mètres, voici le portail de la villa “Rosée du Matin”.

Madame Serpolet pousse un cri désespéré : le garage est vide ; son mari n’est pas rentré.
— Hum ! Hum ! fait Monsieur Lecoq, embarrassé.
— Un simple retard, je vous assure, un simple retard ! répètent, comme un refrain, Madame Chattemite et Mademoiselle Fil-à-Fil, réconfortantes.
— Mesdames, Mesdames, il fait trop humide pour rester dehors, observe Monsieur Lecoq.
— Si vous le permettez, nous allons entrer et attendre avec vous.

La Lapine est d’accord, mais voilà, elle a oublié sa clé ! Elle a claqué la porte en partant et, maintenant, elle ne peut plus entrer chez elle !
— Sonneries et tracasseries ! Quel embrouillamini ! explose Monsieur Lecoq. Réfléchissons ! Réfléchissons ! Il y a bien une fenêtre ouverte dans votre maison, Madame Serpolet ?
— Oui, oui, au deuxième étage, celle de la salle de bains, ma plante verte aime bien l’air.
— Bon, bon. Il nous faut donc une échelle ! Il y a une échelle dans votre jardin, Madame Serpolet ?
— Oui, oui, dans le hangar, là-bas, à côté des pommes.

Cinq minutes plus tard, Madame Serpolet entreprend l'ascension de son échelle que tient monsieur Lecoq, très énervé.

Oublions ces cris, ces plaintes, ces gémissements ; oublions aussi les remarques de Monsieur Lecoq, qui n'est pas un modèle de patience… L'alpiniste d'un soir a réussi à pénétrer chez elle, et puis elle est venue ouvrir sa porte à Madame Chattemite et à Mademoiselle Fil-à-Fil. Elle a même proposé un cordial à Monsieur Lecoq, mais celui-ci a refusé, en s'exclamant : "Presque huit heures ! Je dois rentrer chez moi, j'ai invité monsieur Vocabulaire à dîner, il veut me prêter un livre sur les pendules !"

Les trois dames s'installent dans le salon pour boire une tisane. Mais Monsieur Serpolet n'est toujours pas rentré ! Pourquoi, à votre avis, est-il en retard ?

Bon anniversaire Peloton !

Hip, hip, hip, hourra ! Des cris de joie jaillissent allégrement de tous les gosiers et s'envolent, comme les fusées d'un feu d'artifice, vers le plafond aux sculptures compliquées. Ces exclamations sont si aiguës et si perçantes qu'elles couvrent la grosse voix de l'horloge du château, annonçant avec force et majesté huit coups retentissants.

Ce concert d'acclamations est bientôt suivi par un chant familier, entonné avec une ardeur bruyante : “Bon anniversaire, nos vœux les plus sincères, bon anniversai-ai-re !”, suivi de tempêtes d'applaudissements et de cris.

Le petit Mouton Peloton fête ses sept ans, entouré de ses frères, de ses sœurs et de quelques amis.

Sa maman, Madame de la Belle-Toison, apporte un superbe gâteau illuminé de bougies, ce qui déclenche clameurs et vivats !

C'est, il est vrai, un chef-d'œuvre, une construction fantaisiste et appétissante où se superposent avec art étoiles en nougatine scintillante, douces meringues neigeuses, choux à la crème, brillants de caramel, élégantes tuiles aux amandes, fruits confits rutilants et dragées lisses comme de la soie, le tout enrubanné d'une féerique guirlande en sucre filé et surmonté d'un beau “Sept” en pâte de fruits, très droit au milieu de son escorte de bougies !

Tous les yeux brillent de ravissement, de gourmandise et de plaisir.

— Souffle tes bougies ! s'impatientent Bouton et Coton, les frères de Peloton.

— D'un seul coup ! lui précisent ses trois sœurs, Agneline, Câline et Douceline.

Quant au dernier-né, le bébé Mirmidon, perché sur sa chaise haute, il agite avec force un hochet.

Le cousin de Peloton, le Biquet Freluquet, fait mine, pour le taquiner, de vouloir éteindre lui-même les bougies du gâteau.

Mais ses amis l'encouragent joyeusement et lui prodiguent mille conseils judicieux. Il y a là l'Ourson Macaron, les Lapins Mutin et Malin, le Castor Bouton-d'Or et l'Écureuil Clin d'Œil.

Le Lapin Complaisant est, lui aussi, invité, mais il n'est pas là.

— J'espère qu'il n'est pas malade ! dit gentiment Madame de la Belle Toison, étonnée d'être toujours sans nouvelles du jeune Lapin.

Peloton se lève. Il se fait, autour de la longue table, un silence impressionnant. Le petit Bouton aspire une large bouffée d'air.

— On dirait que tu t'apprêtes à plonger ! remarque l'Écureuil.

Tout le monde éclate de rire, Peloton le premier, il faut recommencer la préparation !

— Vite ! Vite ! supplient les trois petites brebis : nous sommes mortes de faim !

Peloton, à nouveau, avale autant d'air qu'il le peut et, cette fois, rien ne l'empêche de lancer cette tempête sur son gâteau ; toutes les bougies s'éteignent sauf une. Notre Mouton est un peu vexé.

Mais déjà Madame de la Belle-Toison découpe habilement le gâteau merveilleux et distribue de belles parts à chacun. Tous dégustent enfin ce régal aux mille saveurs ! On n'entend plus que le cliquetis des fourchettes et des cuillers.

Le premier à retrouver l'usage de la parole est le bébé Mirmidon, qui crie l'un des seul mots de son vocabulaire : "Encore ! Encore !"

— Quel dommage que Complaisant ne soit pas venu ! remarque Freluquet. Il a manqué le plus beau et le plus extraordinaire des desserts !

L'Ourson Macaron se lève, sort de sa poche un papier soigneusement plié en quatre, toussote pour s'éclaircir la voix et, tourné vers son ami Peloton, lit ce bref discours de sa fabrication :

“Mon cher Peloton,
Tu as beaucoup de chance d’avoir sept ans !
Les parents disent que c’est l’âge de raison...
Mais nous, tes amis, espérons
que tu ne deviendras pas trop raisonnable...
et que tu continueras à faire des farces
et des bêtises comme par le passé.
Merci de nous avoir invités et bon anniversaire !”

Nouveaux applaudissements, rires et fous rires ! Les convives sortent de table et quittent la chaude salle à manger gaiement illuminée. Tout à l’amusement de cette soirée exceptionnelle, ils ignorent l’heure, la nuit et le brouillard.

“Voulez-vous faire un tour au grenier ?” demande alors Madame de la Belle-Toison à la petite bande babillarde et dissipée.

Des hurlements de joie lui donnent la réponse : “Oui, oui, oui !”

Une visite dans les vastes greniers du château est une merveilleuse expédition ! Les petits Moutons eux-mêmes y montent très rarement.

— Passons d’abord à l’office pour prendre quelques lampes de poche, l’escalier de la tour est très mal éclairé, décide la brebis.

On court jusqu’à la grande pièce occupée par d’imposantes armoires à provision et chacun reçoit une lampe. L’aventure peut commencer.

Tous s’engagent dans l’étroit escalier en colimaçon.

Le héros de la soirée, Peloton, monte en tête ; sa maman ferme le rang, avec Mirmidon dans ses bras.

Quelle escalade interminable ! — il y a quatre-vingt-dix-neuf marches — vertigineuse ! par les étroites fenêtres on aperçoit, très loin en dessous, les lanternes de la cour d’honneur — mouvementée ! — Agneline glisse, se raccroche à Macaron qui manque de s’écrouler ; l’Écureuil Clin d’Œil, en se retournant brusquement, a failli assommer le Lapin Malin avec sa lampe de poche ; quant à son frère Mutin, il a effrayé toute la compagnie en poussant un long cri lugubre : Houhou.

L'arrivée dans le grenier récompense immédiatement les grimpeurs courageux.

A peine Peloton a-t-il ouvert la petite porte de chêne sculpté que l'enchantement commence !

De la douce pénombre surgissent des silhouettes insolites saupoudrées d'une fine couche de poussière : coffres, malles, tableaux, meubles, lustres échoués sur le parquet, vases et soupières endormis dans un coin, tapis roulés, landau démodé en osier, immenses miroirs aux cadres dorés et un piano droit.

D'abord intimidés, les visiteurs ne tardent pas à s'éparpiller, au gré de leur fantaisie et de leur curiosité.

Les trois petites Brebis ont vite fait de découvrir des habits de l'ancien temps, et, avec la permission de leur maman, elles s'empressent de les revêtir : quels merveilleux déguisements !

Mutin et Malin ont trouvé un caisse remplie de toupies. Peloton et Macaron admirent de vieux sabres très impressionnants, mais Madame de la Belle-Toison leur a interdit d'y toucher. "C'est dommage, soupire l'Ourson, nous aurions pu jouer aux pirates." Bouton et Coton tentent de remonter les rails d'un vieux train. "Si Complaisant était là, il saurait nous aider : il est tellement débrouillard ! Je me demande pourquoi il n'est pas venu."

La Brebis a déposé son bébé dans un chariot de bois, et elle traîne le petit Mirmidon, ravi, sur le parquet parsemé de trous et de bosses, entre des échafaudages d'objets étonnants.

Le Castor Bouton-d'Or soulève avec précaution le couvercle du piano et caresse quelques touches.
— Tu nous casses les oreilles ! protestent, en riant, ses amis.
— Alors, je vais essayer le cor de chasse, déclare ce musicien obstiné en s'emparant d'une trompe toute cabossée.
Il souffle, souffle et souffle de toutes ses forces, mais ne réussit à produire qu'un maigre sifflement. Très déçu, il se console avec un tambour que le temps n'a pas désaccordé.
— Tiens, où est Clin d'Œil ? demande Peloton.
Chacun cesse de jouer, regarde autour de soi : pas d'écureuil ! "Clin d'Œil, où es-tu ? Clin d'Œil, réponds-nous. Où es-tu ?"

Alarmée, la Brebis s'en va jusqu'au fond du grenier avec sa lampe électrique. Elle fouille les recoins, explore les renfoncements. Les petits Moutons et leurs amis la rejoignent.

Personne n'est vraiment inquiet. Il n'y a pas de pièges, ni de trous ni de trappes dans ce grenier, mais simplement beaucoup de cachettes.

Soudain, un éclat de rire descend du plafond ! Tous les chercheurs lèvent leur museau et repèrent, à califourchon sur une poutre, ce farceur d'Écureuil !

Comment a-t-il réussi à se hisser là-haut ? Mystère... Il est vrai qu'il est souvent premier en gymnastique.

Partagée entre l'admiration pour l'exploit sportif et l'inquiétude, Madame de la Belle-Toison, avec un sourire, le prie de bien vouloir descendre de son perchoir.

Et, pour réunir tout le monde dans un lieu plus tran-

quille, elle a une idée géniale : “Qui a envie de faire une course en sac dans la grande galerie du château ?”
— Moi ! Moi ! Moi ! s’exclame-t-on de tous les côtés.

Descente ponctuée de fous rires dans l’escalier de la tour, nouvelle visite dans les profondes armoires de l’office, bruyante cavalcade sur les marches de l’escalier d’honneur et contorsions multiples pour entrer dans les larges sacs de pomme de terre. Voilà pour la mise en place.

Puis, dans la longue galerie de portraits obsurcie par la nuit d’automne, Madame de la Belle-Toison donne le signal du départ : “Un ! Deux ! Trois ! Partez !”

C’est un spectacle désopilant, irrésistible. Ça pourrait être aussi un concours de grognements, de soupirs et de grimaces.

Le Lapin Mutin gagne la première course, son frère Malin, la seconde : c’est sans doute un talent familial.

Laissons cette aimable compagnie courir, sauter, s'amuser à sa guise : elle a encore une heure de jeu devant elle ; les parents des petits invités ont en effet promis de venir les chercher vers dix heures du soir. Et ils seront sans doute en retard avec ce brouillard qui devient de plus en plus dense d'heure en heure.

Un dernier regard sur le château. Comme c'est joli d'apercevoir dans l'obscurité quelques hautes fenêtres brillamment illuminées et de deviner, à travers l'ombre de la nuit, la fière silhouette des tourelles.

Fausses notes à la chorale !

Je vous assure qu'il est neuf heures !, caquette sèchement Madame Oie-Blanche, c'est vraiment contrariant, très contrariant !

— Si j'avais su, j'aurais avalé mon dîner moins vite ! hulule la Chouette Mimolette. Pour ne pas être en retard, je me suis brûlée le gosier avec mon potage ! Ah ! si j'avais su...

— Pourvu qu'il ne lui soit pas arrivé maheur, roucoule Mademoiselle Tourterelle. Avec ce brouillard, on ne sait jamais.

— Vous avez raison, glousse Mademoiselle Lacocotte, une aimable Poule grise, propre et bien mise. J'ai eu beaucoup de mal à trouver mon chemin ce soir. Heureusement que je connais la route par cœur !
— Si l'on part bien à l'heure, on arrive bien à l'heure ! rétorque l'Oie-Blanche d'une voix pincée. Comme c'est contrariant !
— Ah ! si j'avais su ! bougonne la Chouette. Et puis je suis enrhumée ; je ne serais pas venue, si j'avais su.
— Madame Chattemite n'est jamais en retard, balbutie la Tourterelle. Il lui est sûrement arrivé quelque chose de grave.

— Quel souci, quel souci ! renchérit la Poule grise. Et puis Madame Serpolet et Mademoiselle Fil-à-Fil ne sont pas là non plus.
— C'est contrariant.
— Ah ! Si j'avais su !
— Quel souci ! gémissent les quatre dames. La cinquième, la Taupe Discrète, reste muette.

Ces habitantes de Champignon-sous-Bois se retrouvent tous les samedis soir, à neuf heures moins le quart, dans la salle de réunion de la mairie pour une répétition de chant. La douce Madame Chattemite les dirige. Le travail commence toujours à neuf heures.

Ce soir, comme à l'accoutumée, les participantes ont soigneusement accroché leurs châles et leur écharpes aux porte-manteaux et se sont assises à leur place.

Elles ont toutes leur partition : la romance qu'elles étudient en ce moment s'intitule "Bienvenue, bel automne !". Il ne manque plus que la répétitrice !

Au moment où Mademoiselle Lacocotte déclare avec raison : "Déjà neuf heures dix, nous ne pouvons pas rester sans rien faire", la porte s'ouvre doucement et voilà qu'apparaît, toute essouflée et confuse, l'aimable Mademoiselle Fil-à-Fil.

Elle est aussitôt assaillie de questions. Des "pourquoi ?", "comment ?", "je ne comprends rien !"

Elle a en effet beaucoup de choses à raconter ; mais on ne lui laisse pas le temps de s'expliquer, on l'interrompt sans cesse.

A son arrivée, toutes les chanteuses se sont levées et se sont jetées sur elle, claquant du bec, battant de l'aile !

Mademoiselle Discrète elle-même, pourtant timide et réservée, la dévisage derrière ses lunettes et prononce exceptionnellement quelques mots : “Que se passe-t-il ? Que se passe-t-il ce soir ?”

— Un peu de silence ! s'écrie alors Mademoiselle Lacocotte, on ne s'entend plus !

Grâce à cette intervention énergique, la Souris peut enfin parler.

— Madame Chattemite ne viendra pas ce soir. Elle est retenue auprès de Madame Serpolet, soucieuse d'être sans nouvelles de son mari et de leur petit Lapin Complaisant. Madame Chattemite m'a chargée de diriger la répétition à sa place.

Au lieu de ramener le calme, cette explication déchaîne jacasseries et grincements de bec !

En plaquant trois accords sur le piano, Do-mi-sol ! Ré-fa-la ! Si-mi-sol ! Mademoiselle Lacocotte rétablit le silence.

— Il est neuf heures vingt, annonce-t-elle après avoir consulté la petite montre en or qu'elle porte toujours autour du cou, il serait grand temps de travailler !

Comme des élèves surprises en train de chahuter par leur professeur, ces dames bavardes et curieuses regagnent leurs places, penaudes.

Mademoiselle Fil-à-Fil monte sur l'estrade ; de très petite taille, elle se juche en plus sur une chaise. Elle est un peu intimidée, elle n'a guère l'habitude d'autant de regards braqués sur elle. Elle fait vibrer son diapason, donne le “la” et puis, battant la mesure à petits mouvements rapides et décidés, entonne la mélodie “Bienvenue, bel automne !”. La musique apaise instantanément les commères. Elles ne pensent plus qu'à leur “fa dièse” ou leur “si bémol”.

Elles ont de jolies voix et d'amusantes manies. Mademoiselle Tourterelle penche la tête à gauche ; Mademoiselle Discrète pose une patte sur son cœur ; Mademoiselle Mimolette ferme les yeux avec recueillement et Madame Oie-Blanche tend ses ailes devant elle, dans une pose inspirée.

Écoutez-les : la voix perlée appartient à la Tourterelle ; la voix de velours, à la Chouette ; la voix feutrée, à la Taupe ; la voix cristalline, à la Poule grise et la voix flûtée, à l'Oie-Blanche.

Elles chantent leur partie, d'abord séparément, et puis en chœur ; elles ne quittent pas des yeux la

baguette de Mademoiselle Fil-à-Fil, sauf la Chouette, qui chante les yeux fermés.

Un bruit sourd, tap ! tap ! tap ! couvre soudain les vocalises de nos artistes. La Souris cesse brusquement de battre la mesure, les dames de la chorale se taisent aussitôt.

Le tambourinement insolite résonne de plus en plus fort, ébranle la porte et vibre à travers toute la pièce. La Taupe se bouche les oreilles, la Tourterelle et l'Oie-Blanche claquent du bec, la Souris semble pétrifiée en haut de son échafaudage.

"Eh bien, l'on frappe à la porte, il faut aller ouvrir !" dit calmement la Poule grise, qui sait garder son sang froid en toute circonstance. Elle est directrice d'une pension de famille et, par son métier, elle a l'habitude des situations imprévues.

Elle abaisse fermement la poignée, tire le battant, et se trouve en face de... Monsieur Pernambouc, le maire de Champignon-sous-Bois !

— Bonsoir, Mesdames, bonsoir, Mesdemoiselles, s'exclame-t-il de sa belle voix grave ; si vous aviez la gentillesse de m'inviter, j'aimerais beaucoup assister à votre répétition de chant ! Oui, vraiment beaucoup ! Vous savez que j'adore l'opéra ! Je serais charmé de vous entendre !

— Bien sûr, bien sûr ! C'est un grand honneur pour nous ! répond sur le champ Mademoiselle Lacocotte, qui connaît les usages et les bonnes manières.

Elle avance un siège pour Monsieur le Maire, et déclare : "Mes compagnes et moi-même seront très flattées de chanter pour vous."

Elle retourne à son piano, joue les premières mesures de "Bienvenue, bel automne !" mais, au moment où le chœur devrait entonner la mélodie, il n'y a qu'un silence gêné et rien d'autre.

Ces dames font les timides : elles ont peur d'ouvrir le bec devant Monsieur le Maire. La Souris n'ose plus

lever sa baguette. Mademoiselle Lacocotte a peut-être parlé trop vite. Ses amies n'ont pas l'air ravi de faire entendre leurs jolies voix à Monsieur Pernambouc.

"Allons, allons, Mesdames, Mesdemoiselles, ne faites pas tant de manières ! Si vous aimez chanter, chantez ! Tenez, même, si vous le voulez, je vais vous apprendre un refrain que j'affectionne ! Vous permettez ?" Et il s'installe à côté de la Poule grise, au piano.
Do-mi-sol-do ! Il entonne à tue-tête :

"J'aime rire, j'aime chanter,
et j'aime manger de la tarte aux prunes !
J'aime rire, j'aime chanter,
et j'aime sauter par-dessus la Lune !"

Jouant du piano d'une patte, marquant le rythme de l'autre, il réussit à entraîner ces dames. Mais Mademoiselle Discrète trouve les paroles trop folles et préfère se taire.

Au beau milieu du couplet, la lumière s'éteint soudain et nos artistes se trouvent plongées dans l'obscurité la plus totale.

Finie la musique, finies les chansons ! Après un "couac" lamentable, les chanteuses se mettent à pousser des cris affolés, tandis que Monsieur Pernambouc s'exclame : "Par ma barbe, par mes sabots, que veut dire cette blague ?"

— Ah ! Ce n'est pas une répétition ordinaire, bougonne Mademoiselle Mimolette, si j'avais su...

— C'est vraiment contrariant, grogne Madame Oie-Blanche.
— Encore un malheur ! murmure la Tourterelle.
— Que de soucis, soupire la Poule grise.
— C'est vraiment une soirée ca-tas-tro-phique ! renchérit Mademoiselle Fil-à-Fil.
— Vous voulez rire, mesdames ! réplique Monsieur Pernambouc. Ni malheur ni soucis, ni catastrophe : juste un petit incident technique : les plombs ont dû sauter. Ne bougez pas, je vais arranger ça.

Il sort de la salle à tâtons, renversant au passage un tabouret et un pupitre. Il bouscule par mégarde la Chouette, qui crie "Houhouhou", puis il se dirige vers la pièce voisine qu'il connaît bien puisque c'est son

bureau de maire. Il ouvre un tiroir, trouve bougie et allumettes et éclairé par la petite flamme, il descend à la cave.

— Comme vous êtes intelligent, Monsieur le Maire, s'écrie, à son retour, Mademoiselle Lacocotte.

— Heureusement que vous étiez là, Monsieur Pernambouc, affirme la Tourterelle. Nous aurions eu très peur sans vous.

Flatté, le Bouc sourit d'un air faussement modeste et proteste : “Ce n'est rien ! Facile comme bonjour ! Reprenons notre musique !”

Mais voilà que la porte s'ouvre encore et Monsieur Brioché entre en trombe dans la pièce comme un vieil habitué, criant d'une voix de trompette :

“Bonsoir, la compagnie ! Il est presque dix heures ! Pressons, pressons ! En voiture, s’il vous plaît !”

Puis il sursaute : “Ah ! Monsieur le Maire, vous ici, je ne vous avez pas vu, excusez-moi.”

— Je vous en prie, mon cher ! Voulez-vous chanter avec nous ?

— Hélas, je n’ai pas le temps. Je dois raccompagner ces artistes chez elles, je le fais après chaque répétition. Ma camionnette est juste en face de la mairie. J’ai même laissé le moteur en marche : je suis pressé ce soir, car je dois ensuite aller chercher mon Ourson Macaron, qui dîne chez les Moutons de la Belle-Toison et il y a beaucoup de brouillard.

— Dans ce cas, je ne vous retiens pas, dit Monsieur Pernambouc. Bonne route et à bientôt ! Quant à vous, Mesdames, Mesdemoiselles, j’ai été vraiment charmé de vous entendre, merci beaucoup.

Les dames de la chorale sourient de contentement et, en dépit des mésaventures et des fausses notes de la soirée, c’est avec des mines satisfaites qu’elles montent dans la fourgonnette de l’Ours Brioché.

Le train de l'aventure !

Tchou-tchou-tchou ! Tchou-tchou-tchou ! Tchou ! Se moquant de la nuit et du brouillard, la locomotive répète inlassablement sa petite chanson énergique et tire avec ardeur sept lourds wagons à travers la campagne obscurcie.

Le train brillamment éclairé glisse, tel un ruban de lumière, au cœur des forêts sombres, au milieu des prairies blanchies par la brume.

Les voyageurs savourent le confort de cette randonnée nocturne. Dans un des compartiments, deux passagers paraissent enchantés de se trouver dans ce train ;

essayez de deviner leurs noms ! Il en a été souvent question depuis le début de ces contes.

Oui ! C'est cela, Monsieur Serpolet lui-même et son fils, le petit Lapin Complaisant !

Vous aimeriez sans doute savoir pourquoi ils sont assis à bord de ce rapide 777, à dix heures du soir, alors qu'ils devraient être rentrés à Champignon-sous-Bois depuis le goûter ?

C'est à la fois simple et très compliqué ! Nos Lapins étaient partis, souvenez-vous, à la ville voisine, Plein-Soleil, pour y acheter une boîte à outils.

La sortie s'est déroulée à merveille : trajet agréable, achats distrayants à la quincaillerie principale et petite promenade sur la belle place des Marronniers roses !

Mais au moment de repartir, l'automobile de Monsieur Serpolet a refusé de démarrer ! Ni les tours de clé patients ni les vigoureux coups de manivelle ne l'ont décidée. Elle paraissait complètement endormie et elle est restée obstinément inerte et silencieuse.

Alors il a fallu courir à travers toute la ville pour trouver un garagiste. Les deux Lapins ont fait ainsi la connaissance d'un certain Monsieur Triple-Écrou, mulot astucieux et dégourdi, qui est venu remorquer leur voiture, mais a déclaré que deux ou trois jours étaient nécessaires pour réparer le moteur.

Quelle malchance ! Monsieur Serpolet a tortillé son oreille gauche, signe, chez lui, de grande perplexité. Que faire pour regagner Champignon-sous-Bois ?

D'abord, se renseigner. Ils ont donc entrepris une nouvelle exploration dans les rues encombrées de Plein-Soleil : il s'agit, cette fois, de découvrir un moyen de transport leur permettant de rentrer chez eux. Nos

pauvres Serpolet circulaient à grand peine à cause de leur boîte à outils, magnifique, certes, mais lourde et qui les embarrassait terriblement.

Après une enquête compliquée, ils apprirent que la seule manière de retourner à Champignon-sous-Bois était de prendre le train de 21 h 53 ! Il n'y en avait pas d'autre plus tôt.

— Ta maman sera inquiète ! murmura Monsieur Serpolet visiblement contrarié. Mais nous n'avons pas le choix !

Et, après une longue attente à la gare, ils se sont embarqués à bord du rapide 777.

Quelle aventure !

C'est la première fois que le petit Lapin Complaisant monte dans un train. A la fois intimidé et excité, il trottine à la suite de son papa et pénètre dans le compartiment. Il y a déjà un voyageur, installé dans le coin près du couloir ; mais son visage est caché par son journal, largement déployé. Il ne bouge même pas.

"Ho-hisse !" soupire Monsieur Serpolet, soulevant sa boîte à outils pour la monter dans le filet.

Elle est si lourde qu'il doit recommencer trois fois. En reculant, il bouscule le voyageur inconnu, qui ne bronche absolument pas.

— Est-ce que je peux m'asseoir près de la fenêtre ? demande le petit Lapin.

— Bien sûr, répond son papa. Mais il fait nuit, et tu ne verras pas grand chose.

Peu importe : le jeune Complaisant colle son museau contre la vitre, en écarquillant les yeux.

Le train s'ébranle ; les lumières de Plein-Soleil s'éloignent ; le convoi prend de la vitesse ; le wagon se balance doucement ; la locomotive chante ; Complaisant ferme les yeux. Il a l'impression d'être bercé, c'est délicieux. Son siège est moelleux, le chauffage répand une douce chaleur. Il rêve.

Un grincement soudain trouble cette béatitude. La porte du compartiment s'ouvre brusquement, laissant

LAXTOT

apparaître une musaraigne au nez pointu, coiffé d'un capuchon de laine, et encombrée de paquets.
— Y-a-t-il une place libre ? demande-t-elle poliment.
— Oui, Madame, répond Monsieur Serpolet.
— Ah ! Tant mieux ! s'exclame-t-elle. Je craignais d'être obligée de voyager debout.

Or, à l'instant où elle prononce ces mots, un cahot du train la déséquilibre ; et elle plonge, tête première, dans le compartiment, tandis que ses colis s'envolent dans tous les sens.

Monsieur Serpolet, heureusement, est un modèle d'amabilité. Il se précipite au secours de Madame la Musaraigne. En un instant, il l'a relevée et réconfortée. Il l'aide même à s'asseoir sur la banquette. Et maintenant, avec l'aide de Complaisant, le bien nommé, il entreprend de ramasser tous les paquets éparpillés.

L'autre voyageur n'a toujours pas bougé.

"C'est vraiment étrange !", pense Monsieur Serpolet, tout en installant dans le filet, avec mille précautions, les colis de la voyageuse. Beaucoup ont des formes biscornues ; certains portent une étiquette "Très fragile" : il les manie donc avec soin.

— Merci ! Merci ! ne cesse de répéter la Musaraigne, désireuse d'engager la conversation. Je m'appelle Madame Châtaigne. Vous devez trouver que j'ai trop de bagages. Si ! Si ! Mais voyez-vous, je vais passer un mois chez mon cousin, Monsieur Grand-Finaud et son épouse Croquignolette qui habitent Champignon-sous-Bois.
— Le gendarme ? demande Monsieur Serpolet.
— Oui ! Alors je leur apporte des cadeaux, des friandises, des spécialités de ma région, des confitures que j'ai faites, des noisettes de mon jardin, un bouquet de fleurs séchées. Et puis, surtout...

Mais la bavarde est interrompue par l'irruption bruyante d'un marchand ambulant qui, d'une patte, a ouvert la porte du compartiment et, de l'autre, tire un chariot étincelant, avec de multiples étagères sur lesquelles sont empilés des sandwichs variés, joliment enveloppés dans du papier translucide.
— J'aimerais deux sandwichs à la laitue ! demande Monsieur Serpolet.
— Et moi, un canapé au fromage ! dit la Musaraigne.

Le voyageur au journal n'a sans doute pas faim ; il ne réclame rien.

Complaisant savoure ce petit en-cas avec gourmandise : cela le console un peu d'avoir manqué le dîner chez son ami Peloton.

A peine la dernière miette avalée, Madame Musaraigne reprend son histoire : “Je disais donc, et puis...”

Mais l’arrivée du contrôleur l’interrompt à nouveau. “Vos billets, s’il vous plaît, s’exclame, d’une voix sonore, un jeune Ragondin. Madame Châtaigne a vite fait d’extirper de son sac en tapisserie le ticket réclamé. Mais Monsieur Serpolet, lui, ne retrouve pas ses billets. Il cherche dans toutes ses poches, dans son portefeuille. En vain. Complaisant est vaguement inquiet.

Pendant que le Lapin continue à fouiller ses habits, le contrôleur s’approche de l’autre voyageur et répète très fort : “Votre billet, s’il vous plaît ! Monsieur, s’il vous plaît, votre billet.”

N'obtenant pas de réponse, il écarte un peu le journal et voit alors le passager endormi. Il le secoue, d'abord doucement, puis plus fort.

— Qu'est-ce qui se passe ? Où suis-je ? Laissez-moi dormir, bougonne un vieux chien ensommeillé.

Complaisant éclate de rire en reconnaissant le jardinier souvent rencontré chez son ami Cornichon.

Monsieur Serpolet, malgré ses soucis, esquisse, lui aussi, un sourire. C'est comique de découvrir, derrière ce journal, le brave Monsieur Laverdure ! Un demi-sourire seulement, car il n'a toujours pas déniché ses billets et il commence à en être ennuyé.

— Je sais ! hurle soudain Complaisant, d'une voix si

perçante que tout le monde sursaute. Je sais, tu as mis les billets dans la boîte à outils !

Tout est rentré dans l'ordre : Monsieur Laverdure bâille doucement ; Monsieur Serpolet s'essuie avec son mouchoir. Que d'émotions pour une seule journée ! Madame Châtaigne s'apprête à reprendre son histoire, lorsque, soudain, le train freine brutalement et surgissent dans l'obscurité les lumières d'une gare.

Monsieur Serpolet lance un coup d'œil à sa montre : "Onze heures moins le quart ! s'exclame-t-il, mais c'est Champignon-sous-Bois ! Vite, préparons-nous !"

Branle-bas de combat dans le compartiment ! Les deux Lapins aident la Musaraigne à prendre ses bagages. C'est bien compliqué de se faufiler dans le couloir avec des paquets aussi volumineux !

Le froid surprend nos voyageurs à leur descente du train. L'obscurité leur fait écarquiller les yeux. Dans ce brouillard, les silhouettes s'estompent, se confondent. C'est à peine si l'on distingue le chef de gare, Monsieur Blaireau. Il a l'air d'un fantôme.

— Alors ma cousine, vous ne me reconnaissez plus ! gronde soudain une voix puissante.

— Ah ! Cher Grand-Finaud, je ne vous avais pas vu.

— Bon ! Bon ! Bon ! C'est bon ! Embrassons-nous quand même ! Monsieur Serpolet, ajoute-t-il avec surprise, que faites-vous ici ?

— Je rentre chez moi, avec mon fils.

— Eh bien, je vous raccompagne et vous aussi, Monsieur Laverdure ! J'ai ma camionnette et, malgré les bagages excessifs de ma chère cousine, je crois bien que nous tiendrons tous !

— Mon cousin, vous avez tort de vous plaindre du nombre de mes bagages ! réplique sèchement Madame Châtaigne, vous verrez bientôt pourquoi, et surtout...

Dix minutes plus tard, Monsieur Grand-Finaud dépose les Serpolet devant la villa “Rosée du Matin”.

Les deux Lapins pénètrent dans la maison. “Quel silence ! observe Monsieur Serpolet. Ta maman doit dormir... Tiens, elle n’a pas éteint les lumières du salon. Peux-tu le faire à sa place ?”

Complaisant obéit et découvre sa mère, profondément endormie sur une chaise d’un côté de la cheminée, et Madame Chattemite, ronflant avec grâce, dans un fauteuil à gauche de la même cheminée...

Vous imaginez facilement combien le réveil de ces dames fut doux, heureux, émouvant.

Monsieur Grand-Finaud tourne en rond...

La camionnette verte vient de stopper sur la place du Marché, devant une robuste porte en chêne éclairée par deux lanternes.

"Terminus ! Tout le monde descend !" crie à tue-tête Monsieur Grand-Finaud.

Sa voisine, Madame Châtaigne, éclate de rire, car elle est la seule passagère de la fourgonnette...

Au bruit du moteur, qui gronde comme le tonnerre dans le silence de la nuit, la femme du Rat d'Eau a

ouvert la porte de la gendarmerie. Elle accueille avec joie la cousine de son mari :

— Rentrez vite, ma petite Châtaigne, conseille-t-elle affectueusement, il fait tellement humide dehors, vous risquez d'attraper un rhume...

— Et moi, je ne risque rien ? bougonne le Rat d'Eau.

— Toi, tu es solide comme un caillou ! rétorque-t-elle en souriant.

— Heureusement que je suis solide, marmonne Monsieur Grand-Finaud, car avec tous ces bagages, il vaut mieux ne pas être chétif !

— Je suis vraiment désolée ! bafouille la pauvre Musaraigne, confuse.

— Grand-Finaud, n'as-tu pas honte de taquiner ta cousine ? reproche Madame Croquignolette. Venez ma bonne Châtaigne, laissons ce rustre ronchonner tout seul...
— Bon, bon, bon, c'est bon ! grogne le gendarme, tandis que son épouse entraîne leur invitée à l'intérieur de la maison. Elles traversent le bureau de Monsieur Rat d'Eau, grimpent un escalier de bois à la rampe bien cirée et pénètrent dans les appartements privés du gendarme de Champignon-sous-Bois.

Elles s'arrêtent au salon. Une belle flamme illumine la cheminée et répand une chaleur odorante.
— Oh ! Mais vous avez de nouveaux coussins ! s'exclame aussitôt la Musaraigne.
— Oui, quelques-uns, répond Madame Croquignolette, ravie.

Madame Rat d'Eau aime les coussins à la folie, en fait collection et encore mieux, elle les fabrique elle-même, en tissu, en tricot, en tapisserie, au crochet, au petit point, avec des broderies.

Il y en a partout. Sur les fauteuils et sur les chaises : sur le tapis pour s'asseoir, sur le sofa en décoration.

Cette multitude donne au salon un aspect capitonné, très confortable.

L'aimable Croquignolette a préparé une petite dînette : brioches, confitures de groseilles et d'abricots, accompagnées d'une infusion de tilleul au miel.

Madame Musaraigne s'enfonce avec délices dans une bergère moelleuse. Elle se sent tout à coup très, très fatiguée.
— Comme cette tisane est parfumée ! murmure-t-elle les yeux mi-clos.
— Ah ! Ça ! C'est trop fort ! s'écrie alors Monsieur Rat d'Eau, faisant irruption dans le salon. C'est moi qui me fatigue à transporter vos valises, vos colis, vos cabas,

Cousine Châtaigne, et c'est vous qui vous reposez dans mon fauteuil favori, par-dessus le marché !

La Musaraigne, très embarrassée, se lève d'un bond :

— Excusez-moi, mon cousin.

— Rasseyez-vous immédiatement ! ordonne Madame Rat d'Eau, et n'écoutez pas ce malappris, qui ne cherche qu'à vous taquiner...

En effet, les yeux de Monsieur Grand-Finaud pétillent de malice. Depuis sa petite enfance, il adore faire enrager sa cousine.

— Bon, bon, bon, c'est bon ! grommelle-t-il en lissant ces moustaches. N'en parlons plus. Mais, tout de même, vous avouerez que vous voyagez avec beaucoup de bagages... La moitié ne vous servira à rien !

Piquée au vif, Madame Châtaigne se dresse sur ses pattes et s'écrie avec énergie :
— À rien ! À rien ! Vous allez voir vous-même si mes bagages ne serviront à rien !

Avant qu'on puisse la retenir, elle s'élance sur le palier, choisit parmi tous les paquets entassés pêle-mêle le plus volumineux et l'apporte, non sans difficulté, au milieu du salon en murmurant :
— Cet objet inutile est un cadeau pour vous !

Le Rat d'Eau est suffoqué.
— Ouvre ! Ouvre ! lui dit la Musaraigne.

Monsieur Grand-Finaud est d'un naturel impatient. Il arrache les papiers en marmottant : "Bigre de bigre ! Que signifie cette plaisanterie ?"

Cette plaisanterie est... un tambour ! Un tambour !

— Un tambour ! hurle Madame Croquignolette, qui reste bouche bée de surprise.

— Un tambour ! bredouille Monsieur Grand-Finaud, étranglé par l'émotion. Un tambour ! Le rêve de toute ma vie... Ma cousine, il faut que je vous embrasse ! Un tambour ! Pour moi ! Jamais je ne pourrai vous remercier suffisamment. C'est merveilleux. Depuis que j'ai quatre ans, je désire posséder un tambour. Mes parents trouvaient cet instrument trop bruyant. Ensuite, j'ai eu du travail. Vous vous êtes souvenue de ce souhait. Ma cousine, vous êtes fantastique !

— Vous ne vous moquerez plus de moi, ni de mes bagages trop nombreux ! demande la Musaraigne, amusée.

— Plus jamais ! Parole d'honneur ! Foi de gendarme !

Puis, saisissant les baguettes, il joue du tambour... Timidement d'abord, il ose à peine effleurer la peau tendue du tambour. Il craint de briser son rêve. Puis, peu à peu, il s'enhardit et frappe de plus en plus fort !

— Il faudra que je prenne des leçons ! Je vais jouer toute la nuit !

— Certainement pas ! contredit calmement son épouse. D'abord, nous avons envie de dormir. Et surtout, tu dois faire ta ronde de onze heures. Tu es déjà en retard...

— Misère ! J'avais complètement oublié. C'est vrai, il faut que j'y aille ! Mais, dès demain matin, je recommence ! Je suis si content.

A contrecœur, Monsieur Grand-Finaud abandonne ses baguettes, presque magiques, et crie : "À tout à l'heure, mesdames, à tout à l'heure !" Il saisit son écharpe au vol, dévale l'escalier et s'engouffre dans sa fourgonnette verte.

Le gendarme roule à petite vitesse dans les rues sombres de Champignon-sous-Bois. Rien n'échappe à son regard. Malgré l'obscurité et le brouillard, il aperçoit Monsieur Serpolet qui donne le bras à Madame Chattemite. Puis il remarque que la tour de Monsieur Lecoq

est allumée ; que la voiture du Castor Sur-Mesure est stationnée du mauvais côté de la rue et que cette silhouette sautillante, là-bas, au bout de la Grand-Rue, c'est Monsieur Laloutre, le professeur de natation, qui court toujours mille mètres avant de s'endormir.
— Bon, bon, c'est bon ! sifflote le gendarme. Tout est en ordre, rentrons !

Mais sur la place du Marché, il découvre une voiture inconnue : elle semble hésiter sur l'itinéraire à suivre et emprunte, à contresens, la rue qui tourne autour de la fontaine.
— Voilà qui est trop fort, gronde le représentant de l'ordre offensé. Je vais suivre ce véhicule !

Il remarque la plaque d'immatriculation étrangère.

Commence alors une curieuse ronde : la voiture mystérieuse tourne très lentement autour de la place du Marché, elle s'arrête devant une maison, une ruelle, zigzague un peu et reprend son itinéraire incertain. Derrière elle, la fourgonnette verte de la gendarmerie fait le même trajet, avec les mêmes étapes, les mêmes hésitations.

Intrigué par le ronflement de ces deux moteurs, le Castor Sur-Mesure occupé, malgré l'heure avancée, à tailler un costume, entrouvre ses volets.

— C’est étrange, pense-t-il en voyant les automobiles tourner en rond autour de la fontaine. Je ne comprends pas à quoi jouent ces deux conducteurs. Mais, au fait, on dirait la camionnette de la gendarmerie… Alors, que signifie cette course au ralenti ? Qui poursuit qui ? Notre gendarme traque peut-être un voleur ? Oh ! Oh ! Les événements se précipitent !

En effet, lassé par ce manège monotone, Monsieur Grand-Finaud accélère subitement, dépasse la voiture inconnue, lui fait une brutale queue de poisson et la bloque contre le trottoir.

Il sort, l'œil grave, la moustache sévère.
— Vos papiers, s'il vous plaît, demande-t-il d'une voix ferme au conducteur de la voiture.

Bien loin de paraître ennuyé ou inquiet, un Hérisson rondelet accueille le gendarme avec un air de soulagement extrême et lui tend immédiatement une petite carte verte, parfaitement en règle, avec son nom : Monsieur Picpouille, sa photo et son adresse.

— Bon, bon, bon, c'est bon ! dit le Rat d'Eau. Mais expliquez-moi pourquoi vous roulez à contresens sur cette place ? Vous n'avez pas vu la flèche ?
— Non, avoue franchement le Hérisson. Je n'ai rien vu et je dois même ajouter que nous sommes complètement perdus. Nous tournons en rond depuis plus d'une demi-heure. Peut-être pourrez-vous nous aider ?
— Où voulez-vous aller ? demande le Rat d'Eau.
— Chez nos cousins Monsieur et Madame Sainfoin. Vous les connaissez ?
— Bien sûr, répond le gendarme. Je connais tous les habitants de Champignon-sous-Bois.
— Ah ! Tant mieux ! C'est la première fois que nous leur rendons visite. Nous habitons très loin, à la montagne. Pouvez-vous m'indiquer le chemin ?
— Passez devant la tour de l'autre côté de la place ; puis tournez à droite, ensuite, au bout de la ruelle, tour-

nez à gauche, dans une impasse plantée d'acacias. Tout au fond, vous trouverez vos cousins !

Cinq minutes plus tard, Monsieur et Madame Picpouille sortent de la voiture, suivis de deux petits hérissons et d'une minuscule hérissonne, heureux de se dégourdir les pattes.

Aucune lumière dans la maison. Tout est noir, clos ; apparemment, tout le monde dort. Le Hérisson tire une clochette.

Au même moment, la grande horloge de la mairie se met à sonner les premiers coups de minuit : Dong ! Dong ! Dong ! Dong ! Dong ! Dong !...

Médianoche, le souper de minuit

Dong ! Dong ! Dong ! Dong ! Dong ! Dong ! Les derniers coups de minuit résonnent à travers le brouillard, puis l'horloge de la mairie se tait et le silence retombe sur Champignon-sous-Bois.

A cette heure de la nuit, c'est habituel.

La présence de toute une famille de hérissons devant la maison des Sainfoin l'est beaucoup moins.

Monsieur Picpouille a secoué dans tous les sens la petite clochette de cuivre, mais le joli tintement, apparemment, n'a réveillé personne.

Notre Hérisson décide donc d'employer les grands moyens et cogne vigoureusement contre la porte d'entrée : Boum ! Boum ! de sa force de montagnard !

A l'intérieur, le jeune Mutin est brutalement arraché à son sommeil. Il se dresse sur son lit, frotte ses yeux, prête l'oreille : Boum ! Boum ! Boum ! Il n'y a pas de doute : on tambourine à la porte ! Ce n'est pas un rêve ! Qui cela peut-il être au milieu de la nuit ?

Mutin se sent complètement réveillé, maintenant, et très excité par ce mystère.

Vous le connaissez déjà, ce petit Lapin : il a le goût de l'aventure ; tout ce qui est inhabituel lui plaît et l'amuse !

Hop ! Il saute en bas de son lit ! Hop ! Hop ! Sans prendre le temps d'enfiler ses pantoufles, il dévale l'escalier quatre à quatre ! Boum ! Boum ! Boum ! Trois coups sourds ébranlent à nouveau la porte.

— Qui est là ? interroge poliment Mutin.

— Une visite ! répond une grosse voix inconnue.

— Attendez une petite minute, demande aimablement le jeune Lapin.

Il remonte l'escalier comme une flèche et pénètre en trombe dans la chambre de ses parents :

— Papa ! Maman ! Réveillez-vous, il y a une visite !

Tiré de ses rêves, Monsieur Lapin sursaute violemment et se fâche aussi rouge que son édredon :

— Petit drôle ! Que nous chantes-tu là !

Toute tremblante, Madame Lapine soupire, entre deux bâillements :
— Quand cesseras-tu de nous faire des farces !
— Mais ce n'est pas une farce ! C'est vrai ! Je vous l'assure ! affirme le petit Lapin sans plus se troubler.
— Une visite, à minuit passé, c'est impossible ! Retourne te coucher ! déclare son papa d'un ton sans réplique.
— Mais c'est vrai ! C'est vrai ! Je vous dis que c'est vrai ! répète Mutin, avec une belle obstination.

Pendant ce temps-là, dans la sombre impasse des Acacias, la famille Picpouille commence à trouver la "minute" bien longue.
— Je t'avais bien dit qu'il valait mieux prévenir tes cousins de notre arrivée, dit Madame Hérisson, avec,

au creux de sa voix nasillarde, une légère pointe de reproche.

— Mais c'est beaucoup plus amusant de leur faire une surprise, rétorque Monsieur Hérisson en riant.

— Sans doute, sans doute, mon ami, reconnaît Madame Picpouille, mais je pense néanmoins qu'à cause de ton système, nous allons être obligés de coucher à la belle étoile. Venez avec moi, les enfants ! Mettons-nous à l'abri, dans la voiture ; il fait vraiment trop humide dehors.

Cependant, à force de claironner sur tous les tons : “C'est vrai ! C'est vrai !” le petit Lapin a réussi à réveiller toute la maisonnée.

Son frère Malin, qui a peur du noir, a allumé toutes les lumières de sa chambre. Ses grandes sœurs Aveline et Albine s'égosillent, au fond du couloir : "Que se passe-t-il ? Est-ce déjà le matin ? Nous avons encore envie de dormir !"

Quant au Bébé Perlimpinpin, debout dans son berceau, il lance ses jouets en l'air en criant de joie ! Bref, c'est un vrai chahut chez les Sainfoin !

— Bon ! Bon ! finit par admettre le Papa Lapin. Puisqu'il n'y a plus moyen de dormir, je vais passer ma robe de chambre et aller voir qui vient nous rendre visite ! Malin et Mutin lui emboîtent immédiatement le pas, tandis que les deux lapines ouvrent leurs volets et écarquillent les yeux pour apercevoir, dans la nuit opaque, les mystérieux visiteurs.

La petite maison de la famille Lapin paraît maintenant illuminée comme un jour de fête : toutes les fenêtres, brillamment éclairées, se découpent gaiement dans l'obscurité.

Enfin la porte d'entrée s'ouvre ! Et Monsieur Sainfoin s'avance sur le seuil. Pour montrer sa bonne volonté, notre Lapin fait trois pas dans le jardin, met ses pattes en porte-voix et, d'un ton légèrement moqueur, questionne la nuit : "Visiteurs, où êtes-vous ?"

À son grand étonnement, une voix familière lui répond aussitôt :

— Ici ! Ici ! Nous arrivons !

Et Monsieur Hérisson, qui faisait les cent pas dans l'impasse pour se réchauffer, jaillit tout à coup de l'ombre épaisse.

— C’est moi ! dit-il avec un bon sourire très franc, moi, ton cousin Ludion !
— Ludion ! s’exclame Monsieur Sainfoin, au comble de la surprise. Ludion ! Je crois rêver. Je ne t’ai pas vu depuis ton mariage, et voilà que tu débarques, à minuit, sans crier gare. Tu es complètement farfelu !
— Et toi, mon cher Train-Train, je te reconnais bien toujours aussi sérieux !

Les deux cousins éclatent de rire, s’embrassent avec affection et commencent à échanger d’amicales plaisanteries. Mais soudain, ils se souviennent chacun de leur famille. Monsieur Picpouille court à sa voiture pour chercher sa femme et ses petits.

De son côté, Monsieur Sainfoin appelle son épouse, ses filles, et, cinq minutes plus tard, Hérissons et Lapins se retrouvent au grand complet au milieu du salon !

Quelle étrange réunion ! Les visiteurs et leurs hôtes sont embarrassés. Les uns, très fatigués, en habits de voyage, les autres, tout juste réveillés, en vêtements de nuit. Les "dames" se connaissent à peine, les enfants se voient pour la première fois.

Mais cette gêne ne dure qu'un instant et la timidité s'envole rapidement.

— Comment t'appelles-tu ? demande Mutin au plus grand des hérissons.

— Mironton ! répond-il d'une voix chantante.

— Et moi, Mirontaine ! déclare l'autre avant même qu'on l'interroge.
— Voulez-vous monter dans notre chambre ? propose gentiment Malin.
— Oui, Oui ! acceptent-ils avec entrain.

En un clin d'œil, la petite troupe gravit l'escalier et se retrouve là-haut. Les billes, les petites voitures et le

train en bois sont rapidement sortis du coffre à jouet. Bientôt, on s'amuse comme si l'on se connaissait depuis toujours.

La petite hérissonne Mignonne est conduite par Aveline et Albine dans leur chambre. Pour lier amitié, elles lui montrent toutes leurs poupées : des lapines en peluche ou en tissu.
— Choisis celle que tu préfères ! propose gentiment

Aveline. Mignonne hésite... Il y en a sept et elles sont toutes si jolies !

Finalement, elle se décide pour une délicieuse lapine grise à l'air très doux, avec une jolie robe à fleurs bleues, un tablier blanc et des pantoufles à pompons.

Pendant ce temps, Albine a tiré d'une armoire miniature de minuscules vêtements et les nouvelles amies

commencent à habiller et à déshabiller leurs poupées avec zèle.

En bas, dans le salon, la conversation s'est peu à peu animée.

— Mais au fait, s'exclame soudain Monsieur Sainfoin, vous avez sûrement des bagages, allons les chercher !

— Nous ne voulons pas vous encombrer, proteste Monsieur Picpouille. Nous pouvons coucher à l'hôtel.

— Il n'en est pas question ! se récrie le Lapin. Nous sommes ravis de vous accueillir. Viens, Ludion ! Je vais t'aider à décharger la voiture !

Les deux amis sortent dans le nuit. Ils rient, ils parlent fort, ils évoquent mille souvenirs. Ils transportent ainsi, au premier étage, sans y penser, une extraordinaire variété de sacs, de colis, de valises, de paniers, de cabas, de filets...

Laissées seules, Madame Sainfoin et Madame Picpouille font plus ample connaissance.

Tout d'abord, elles décident de s'appeler par leurs prénoms.

— Aiguillette, voulez-vous m'aider à préparer la chambre d'amis ? demande la Lapine.

— Avec plaisir, Douillette, répond la douce Hérissonne. Et les deux dames grimpent au grenier.

Cette vaste pièce aux belles poutres apparentes sert à accueillir les visiteurs de passage. Il y a six anciens lits amusants, aux formes un peu tarabiscotées, alignés comme dans un dortoir. Nos adroites ménagères ont vite fait d'y mettre des draps frais et de taper oreillers et édredons.

— Vous devez tous avoir très faim ! décrète ensuite la bonne Lapine. Préparons-nous un petit souper.

— Non, non, ma chère Douillette, ne vous donnez pas cette peine !

— Taratata ! Je sais ce que je dis ! réplique Madame

Sainfoin. Les voyages ouvrent l'appétit, c'est bien connu !

Aussitôt, elle sort du buffet une boîte à biscuits, deux pots de confiture, un pain de campagne, des fromages sous une cloche. Puis elle dispose des fruits sur un compotier et met de l'eau à chauffer.

— Et maintenant, le couvert ! Elle déploie sur la table de la cuisine une nappe aux couleurs gaies. Assiettes, fourchettes, serviettes, tasses et soucoupes sont disposées en un tournemain.

— N'oublions surtout pas les bougies, voilà ! Il ne reste plus qu'à prévenir tout le monde ! Ohé ! Ohé ! Sa voix résonne allégrement dans l'escalier. Ohé ! Le souper est prêt !

Quelle joyeuse tablée ! Albine s'amuse à compter les convives : “Un, deux, trois... dix, onze, douze ! Nous sommes douze ! C'est magnifique !”

Aveline regarde la pendule.

— Une heure moins le quart ! Jamais de ma vie je n'ai soupé si tard !

— C'est un médianoche ! précise Papa Lapin.

— Un médianoche ? répètent sans vraiment comprendre Lapins et Hérissons.

— Un médianoche, cela veut dire un souper de minuit !

— Hourrah ! Hourrah ! s'exclament les jeunes Picpouille et Sainfoin. Vive le médianoche !

Les Sainfoin ne sont pas encore au bout de leurs sur-

prises. Leur cousin Ludion est descendu souper avec un grand sac et voici qu'il se met à en sortir des cadeaux pour toute la famille, un vrai magicien !

— Tenez, chère Douillette, un petit souvenir pour vous, dit-il aimablement en tendant à la Lapine un coucou , une pendule en forme de chalet en bois.

— Et toi, mon brave Train-Train, essaie donc ce couvre-chef de nos montagnes, il t'ira à ravir, plaisante-t-il en lui offrant un chapeau tyrolien.

Aveline et Albine reçoivent chacune une blouse brodée de fleurs alpestres aux couleurs très vives ; Malin et Mutin, un petit canif robuste, et Perlimpinpin, un drôle de pantin en bois brillant.

Cris de joie et cascades de rire : personne n'a envie de dormir, je vous l'assure...

Les aiguilles à coudre de Monsieur Sur-Mesure

Tandis que se déroule chez les Sainfoin ce joyeux souper de retrouvailles dans leur cuisine en fête, brillamment éclairée, parfumée d'odeurs exquises et débordantes de rires, le brouillard s'épaissit toujours sur la petite ville de Champignon-sous-Bois.

Il rampe sournoisement à travers les ruelles, traîne aux carrefours, s'installe sur la Grand-Place et tourne autour des maisons obscures, dont les volets sont soigneusement clos.

Et pourtant, une lumière, là-bas, réussit à transpercer le voile du brouillard. Elle luit en effet au premier étage de la maison située à côté de la tour de Monsieur Lecoq.

C'est Monsieur Sur-Mesure qui habite là. Tiens ! Tiens ! Pourquoi ne dort-il pas à cette heure avancée de la nuit ? Souffre-t-il d'insomnies ? Reçoit-il des amis et sont-ils engagés dans une interminable partie de Monopoly ? Ni ceci ! Ni cela !

Il travaille, ce brave tailleur ! Il a promis de terminer pour le lendemain le nouveau costume du maire, Monsieur Pernambouc. Il s'est même engagé à le livrer à neuf heures du matin.

Si Monsieur Sur-Mesure est en retard, c'est parce qu'il a été un peu étourdi. Il a oublié de consulter son calendrier et de regarder son carnet de commandes. Car il y a très longtemps que le Bouc est venu faire prendre ses mesures et choisir son tissu, une étoffe écossaise très élégante et très originale.

La veste est déjà bâtie, les différents morceaux ayant été rapidement cousus entre eux avec de longs fils blancs, qui pendent de tous côtés.

Le Castor l'a posée, ainsi "faufilée", sur un mannequin en tissu rembourré, sur un support de bois. Et maintenant, pour voir si elle est bien coupée, si elle "tombe" bien (comme il dit dans son jargon de tail-

leur), il recule, penche la tête, cligne de l'œil, recule, recule encore...

et, patatras ! Il a heurté violemment les grandes étagères adossées au mur de son atelier !

Hélas, hélas, ces étagères n'étaient pas stables du tout ! Monsieur Sur-Mesure avait d'ailleurs l'intention de les faire consolider prochainement.

Voilà qu'elles se démantèlent d'un seul coup : et un véritable torrent d'objets disparates s'abat avec fracas sur le malheureux tailleur ! Quelle avalanche ! Il y a des douzaines de livres qui s'écroulent et s'amoncellent autour du Castor !

D'immenses albums de croquis de mode glissent les uns sur les autres et tombent de tout leur long, comme des planches, avec un claquement sec !

Des liasses et des liasses d'échantillons déboulent de tous les côtés à la fois et chutent à droite, à gauche, de-ci de-là, interminablement.

Les rouleaux de tissus et les draperies, empilés les uns sur les autres, s'affaissent, se déplient, s'emmêlent.

La collection de timbales en étain tombe, roule et rebondit sur le carrelage dans un tintamarre assourdissant de ferraille !

A l'étage au-dessous, au rez-de-chaussée, la locataire, Mademoiselle Cigogne, se réveille en sursaut ! Le cœur battant, elle allume sa lampe de chevet et regarde le plafond d'un air éberlué. Elle aperçoit son lustre qui se balance en cadence.

"J'ai la berlue !" s'exclame-t-elle, effrayée. "Que se passe-t-il ? Un tremblement de terre ?"

Elle cligne de l'œil, claque du bec, tend le cou et secoue ses plumes. Il n'y a aucun doute : elle ne dort pas, elle ne rêve pas, son lustre tourbillonne réellement au-dessus de sa tête. Que faire ?

Mademoiselle Cigogne, terrorisée, a la tentation de se cacher sous son édredon.

A l'étage au-dessus, au second, la réaction est beaucoup plus animée !

Une famille de fox-terriers occupe l'appartement : le père, la mère et trois petits chiots turbulents ! Ces der-

niers ont été brutalement arrachés à leur sommeil par le tapage incroyable de chez Monsieur Sur-Mesure.

Ravis de cet événement imprévu, ils ont allumé et se sont jetés au bas de leurs lits superposés, en riant.

L'un d'eux colle son oreille contre le plancher pour tenter d'identifier le bruit étrange qui les a réveillés.

Cinq minutes plus tard, tout le monde attend devant le palier du Castor !

Quittant courageusement le tiède abri de son lit, Mademoiselle Cigogne a gravi bravement un étage et vient de sonner à la porte du tailleur.

De leur côté, Monsieur et Madame Fox-Terrier, précédés par leurs remuants triplés, descendent les dernières marches de l'escalier de l'étage.

Monsieur Sur-Mesure apparaît, gêné, malheureux. Il fait mille excuses, s'embrouille dans les explications...

— Je suis vraiment désolé, archi-désolé de vous avoir réveillés ! répète-t-il pour la septième fois, en baissant la tête d'un air coupable. Oui, vraiment confus, archi-confus, navré, honteux, penaud, tout penaud, archipenaud. Misère ! Misère !

Tandis qu'il exprime ainsi ses regrets, Madame Fox-Terrier remarque qu'il est le seul à ne pas porter de vêtements de nuit.

Cependant, le Castor tente de dire ce qui s'est réellement passé : il raconte l'histoire du costume à finir, l'écroulement successif des étagères, l'incroyable désordre qui règne désormais dans son atelier.

— Vous pouvez voir vous-mêmes ! propose-t-il à ses voisins, en les précédant dans son appartement.

A la queue leu leu, Mademoiselle Cigogne, Monsieur et Madame Fox-Terrier et les trois jeunes chiots pénètrent dans l'atelier de Monsieur Sur-Mesure. Ils sont complètement ébahis par le spectacle de désolation qui s'offre à leurs yeux.

— On dirait vraiment un tremblement de terre ! murmure Mademoiselle Cigogne, qui a de la suite dans les idées. C'est bouleversant ! Pauvre Monsieur ! ajoute-t-elle avec sympathie.

Monsieur Fox-Terrier, lui, essaie de plaisanter :

— On peut dire, cher voisin, que vous n'avez pas fait les choses à moitié !

— Hélas, non, je ne le sais que trop bien, reconnaît le Castor. Et ce qui est grave, c'est que je ne retrouve pas mes aiguilles ! D'ailleurs, comment dénicher une aiguille dans ce fourbi ? Misère de misère ! Jamais mon costume ne sera terminé.
— Mais je peux vous prêter une aiguille, offre aussitôt la Cigogne, compatissante.
— C'est très gentil, Mademoiselle, mais j'ai besoin d'aiguilles spéciales, de “mes aiguilles”, voyez-vous. Je ne peux pas coudre avec d'autres.
— Alors, nous allons vous aider à les chercher ! déclare tranquillement Madame Fox-Terrier, qui jusqu'alors était restée silencieuse.

Aussitôt dit, aussitôt fait ! Tout le monde se met au travail.

Sans manière ni bavardage inutile, avec un zèle admirable et une ardeur exemplaire, chacun ramasse, trie, empile, dégage, redresse, débarrasse, aligne, classe, groupe, ordonne.

Mais les aiguilles demeurent introuvables et celles de la pendule tournent.

Monsieur Sur-Mesure regarde sa montre avec une grande inquiétude.

— Catastrophe ! murmure-t-il tristement. Déjà une heure et demie ! Jamais je ne pourrai terminer ce cos-

tume, et pourtant je l'avais promis ! Que faire ? Que faire, gémit-il en tirant sur ses oreilles avec désespoir.

— Confiance ! Confiance ! répète Madame Fox-Terrier. Nous allons retrouver vos aiguilles, je le sais, je le sens. Il ne faut jamais se décourager, Monsieur Sur-Mesure. Croyez-moi !

Cette bonne mère de famille semble avoir une longue expérience et son calme réconforte un peu le malheureux tailleur.

— Hourrah ! Hourrah ! hurle soudain l'un des petits fox-terriers, qui se relève en brandissant victorieusement le fameux étui à aiguilles.

Lassé de chercher, il s'est amusé à creuser une sorte de tunnel au milieu des livres et des échantillons de tissus, et c'est en rampant sur le carrelage qu'il a découvert par hasard le précieux étui.

Le Castor reprend espoir :

— Vite, vite, au travail ! Ah ! Comment vous remercier, mes chers voisins ? Comment te remercier, petit ami ? Sans vous, j'étais perdu ! Maintenant, au triple galop ! Il n'y a plus une minute à perdre ! Je vous souhaite à tous une bonne nuit ! Excusez-moi encore de vous avoir réveillés.

— Mais il n'est pas question de vous quitter ! déclare Madame Fox-Terrier. Nous resterons avec vous jusqu'à ce que vous ayez terminé votre ouvrage !

Et la Cigogne de renchérir avec autorité :
— Je vous aiderai à enfiler vos aiguilles et je coudrai vos boutons !
— Quant à moi, reprend Madame Fox-Terrier, je monte vous préparer du café bien fort, vous en aurez besoin.

— Mais, mais, je vous en prie, ne vous donnez pas cette peine, bredouille le Castor. C'est beaucoup trop gentil, je ne puis accepter.
— Taratata ! réplique Madame Fox-Terrier. Ne gaspillez pas votre temps à faire des discours ! Je serai de retour dans un instant.

C'est une charmante petite procession qui revient quelques minutes plus tard.

En tête trottinent les trois petits chiots, portant chacun une jolie boîte en fer peinte : la première contient des biscuits, la seconde, du chocolat, la troisième, des pâtes de fruits !

Devant eux, leur maman tient avec précaution une grande cafetière fumante qui répand dans l'atelier un arôme chaleureux.

Réconforté, encouragé, entouré, Monsieur Sur-Mesure a retrouvé son entrain, son savoir-faire et sa belle humeur. Il chantonne même, ce qui est bon signe.

A deux heures du matin, la veste du costume de Monsieur Pernambouc est terminée ; elle est même, il faut le reconnaître, fort bien réussie.

Monsieur Fox-Terrier et ses trois petits chiots sont remontés se coucher ; mais son épouse, ainsi que Mademoiselle Cigogne, ont promis de tenir compagnie au Castor jusqu'à ce que le costume entier soit achevé.

— J'ai l'impression de faire un beau rêve ! murmure le Castor avec reconnaissance.

Mademoiselle Lacocotte trouve un trésor

La pension de famille "Les Glycines" mérite vraiment sa réputation de calme et de tranquillité. Depuis neuf heures du soir, les pensionnaires se sont retirées dans leur chambre. A dix heures, elles ont toutes éteint leur lumière. Mademoiselle Lacocotte, la directrice, a pu le constater avec satisfaction, en rentrant de la chorale.

"On dirait vraiment une maison de repos !" a-t-elle remarqué avec amusement.

"Maison de repos", peut-être, mais uniquement pour

les autres ! Car il est deux heures du matin, et notre Poule grise n'a toujours pas trouvé le sommeil.

Elle se tourne et se retourne sur ses oreillers. Chaque craquement, chaque rumeur la fait sursauter.

"Je n'aurais jamais cru que la maison était si bruyante !"

Elle est toute étonnée. Habituellement, elle n'a pas de difficulté à s'endormir. Elle essaie de s'expliquer son insomnie : peut-être la répétition de chant mouvementée, ou alors le brouillard, ou encore la compote de prunes ?

Elle s'ennuie dans le noir, alors, elle allume sa veilleuse à la tête de son lit...

“Que faire ? Je ne vais pas rester éveillée toute la nuit ? J’ai besoin de mes forces ! Demain, c’est dimanche, il y a un déjeuner de fête pour les pensionnaires, des invités, du travail supplémentaire. Il faut absolument que je dorme ! La plaisanterie a suffisamment duré. Je vais me préparer une tisane !”

Pour ne pas troubler le repos de ses hôtes, elle descend sur la pointe des pattes le large escalier de bois, mais elle a beau se faire légère, chacune des marches grince malicieusement. “Ah ! Ce cher vieil escalier, soupire-t-elle avec indulgence, il sera toujours aussi bavard !”

Dans la cuisine, tandis que les feuilles de tilleul infusent, Mademoiselle Lacocotte rêve à toutes les saisons

passées dans cette vieille maison poétique, à tous les clients qui se sont succédé dans les jolies chambres vieillottes, aux habitués qui sont devenus des amis, aux joies, aux douillettes soirées d'hiver dans le salon, aux belles après-midi d'été sur la terrasse, à l'ombre de la glycine.

Bref, à force de penser, de réfléchir, de chercher dans ses souvenirs, Mademoiselle Lacocotte finit par se réveiller complètement ! Et la tisane n'y change rien !

“Bon ! se dit avec raison cette sage demoiselle, ce n'est pas la peine de m'énerver, je vais remonter tranquillement dans ma chambre et classer les papiers de mon secrétaire : je n'ai jamais le temps, voici une bonne occasion ! Personne ne m'interrompra.”

Une fois chez elle, l'aimable Poule Grise s'assied devant son bureau et commence à ouvrir quelques tiroirs pour inspecter leur contenu et décider lequel elle rangera le premier. Elle les tire, jette un coup d'œil, puis les referme. Mais, en repoussant un peu brusquement celui de gauche, qui résistait, Mademoiselle Lacocotte déclenche, bien malgré elle, un mécanisme insoupçonné, qui révèle l'existence d'un tiroir secret !

Quelle émotion ! Mademoiselle Lacocotte en tremble de toutes ses plumes.

Elle est émue, mais aussi terriblement curieuse. Y a-t-il quelque chose dans ce tiroir secret ?

Avec précaution, elle le fait coulisser vers elle, puis y plonge avidement son regard.

Il y a... un cahier, un simple cahier avec une couverture de toile imprimée bleu, fermée par un ruban.

La Poule ne peut s'empêcher d'être un peu déçue : pendant quelques secondes, elle avait imaginé que ce tiroir contiendrait peut-être des bijoux, des bracelets, des colliers sertis de pierres précieuses, ou des bagues de contes de fées.

Sa déconvenue est de courte durée et sa curiosité s'éveille à nouveau. Quel est ce cahier ? A qui appartient-il ? Que contient-il ? Est-ce un registre de comptes ou un recueil de poèmes ? Un livre blanc ou un album de dessins ?

Pensive et intriguée, la bonne demoiselle, après avoir détaché le ruban, ouvre ce cahier mystérieux.

C'est un journal intime, illustré de vieilles photographies un peu jaunies et de dessins naïfs, le journal de sa grand-tante, Gélinotte de la Belle-Plume. Mademoiselle Lacocotte n'a jamais connu cette sœur de sa grand-mère paternelle, mais elle en a beaucoup entendu parler.

A la première page du cahier, d'une belle écriture ronde, est inscrit : "Ceci est mon journal..."

Mademoiselle Lacocotte commence aussitôt la lecture du récit : elle ne s'interrompt que pour examiner attentivement les photographies qui ornent les pages. L'histoire débute ainsi :

Mai 1905

"Je m'appelle Gélinotte des Bruyères. Je suis entrée dans cette maison en épousant celui qui l'habitait : Monsieur de la Belle-Plume. C'est, du reste, dans ce jardin que s'est déroulée la réception de notre mariage : le temps était radieux, le parfum des seringas embau-

mait l'air, les douces brises du printemps soulevaient mon voile de tulle, je portais une jolie robe très compliquée que j'avais brodée moi-même. Un orchestre de violons nous a fait danser tard dans la nuit..."

Octobre 1905

"Quelques mois ont passé... Mon époux voyage beaucoup pour son travail. Il représente une maison de cravates et doit sans cesse aller montrer les derniers modèles aux détaillants de province... Pour cette raison, je suis souvent seule, j'ai donc décidé de tenir un journal.

Oh ! Un journal ! C'est un bien grand mot ! Et j'ai certainement l'air un peu prétentieuse. Disons que je vais noter, chaque jour, dans un cahier, mes idées, mes sentiments, mes rêves et les événements tout simples de mes journées.

Pour être bien tranquille, je me suis installée un bureau dans la petite tour du jardin."

— La tour existe toujours, observe Mademoiselle Lacocotte ; je devrais la nettoyer de ses mauvaises herbes.

Mars 1906

"J'avais envie de décorer la façade de cette maison, du côté de la terrasse : j'ai donc planté une glycine le long du mur. Mon cousin m'a photographiée quand je jardinais : je portais une capeline neuve en paille d'Italie. J'espère que la glycine va se développer."

— Oh ! Oui ! s'exclame tout haut Mademoiselle Lacocotte, en interrompant sa lecture. Cette glycine s'est bien développée, elle est même devenue géante !

Elle a tellement prospéré qu'elle couvre maintenant tout le mur ; ses grappes de fleurs ont des couleurs si belles et si délicates qu'elles font l'admiration de tous

les visiteurs. Et lorsque Mademoiselle Lacocotte a transformé sa vieille maison en pension de famille, c'est naturellement qu'elle l'appela "Les Glycines".

La Poule grise reprend sa lecture : elle est si impatiente qu'elle saute des pages ici et là.

Avril 1906

"Sachant que j'aimais la musique, mon cher époux m'a offert un piano ! Quelle joie ! Je vais pouvoir chanter en m'accompagnant de ce merveilleux instrument ; je pourrai déchiffrer les airs à la mode, jouer des danses, faire valser mes amis.

Mais nous avons eu de fortes émotions, le piano ne voulait pas rentrer. Il a même failli rester coincé dans la porte d'entrée. Après de formidables manœuvres et des efforts considérables, les transporteurs ont réussi à le ressortir sur le perron. Finalement, il a fallu démonter la porte-fenêtre du salon ! Ah ! Quelle journée !"

Mademoiselle Lacocotte, amusée, repose quelques instants le cahier et sourit dans ses plumes : “Tiens, tiens, je m’étais toujours demandé comment ce piano était entré dans la maison. Maintenant, je le sais !”

Elle lit quelques pages et s’arrête sur celle-ci :

Printemps 1907

“Nous allons partir pour les Amériques ! Mon cher époux, Monsieur de la Belle-Plume, est las de vendre des cravates. Il veut tenter l’aventure dans ce pays fabuleux. Et moi, et moi ? Je vais devenir exploratrice malgré moi. Qui l’eût cru ?

Mais avant de partir, je veux cacher mes trésors dans le jardin ! Mes trésors, peu de choses, en somme, mais des souvenirs, quelques objets qui me sont chers, que je ne peux pas emporter en Amérique et que je tiens à mettre à l’abri de l’imprévu.

Je vais donc les enfermer dans une malle, et enterrer cette malle sous la pelouse du jardin.”

Lendemain de la pleine lune

“Mission accomplie : j’ai enfoui mes trésors sous le gazon ! Je laisse un croquis et des explications :

— A partir de la dernière marche du perron, compter treize pas en direction du marronnier rose.

— Creuser pendant soixante-dix centimètres.

— Vous trouverez une valise métallique, à l’intérieur est rangé mon coffret à trésors.”

C’est incroyable ! glousse Mademoiselle Lacocotte, au comble de l’excitation. Quelle histoire ! Quelle aven-

N
O
E
S

ture ! J'ai envie d'aller tout de suite dans le jardin ! Mais c'est la nuit. Et puis je risque de réveiller mes pensionnaires. Et puis il fait sombre, et il y a cet épais brouillard par-dessus le marché. Je n'y verrai rien !

Je me demande si le trésor de Tante Gélinotte se trouve toujours là ? Dire qu'il y a des années que je me promène sur cette pelouse, que je jardine, que je creuse la terre pour planter mes massifs, sans jamais me douter une seconde que j'étais si près d'un trésor."

Frémissante d'impatience et de curiosité, Mademoiselle Lacocotte reprend la lecture du journal.

Juin 1907

"Dans huit jours, nous nous embarquerons sur un

grand navire, l'Intrépide. Je n'arrive pas à y croire. Et pourtant, mes malles sont parties aujourd'hui pour être chargées à l'avance.

Les Amériques ! Cela paraît loin ! De l'autre côté de l'immense Océan ! Tant de kilomètres à parcourir ! Pourvu que nous ne rencontrions pas de tempêtes.

Ma sœur, Madame Lacocotte, va venir habiter la maison avec son mari.

Je ne sais pas quand je reviendrai, je ne sais même pas si je reviendrai. Je cache aujourd'hui ce journal dans mon secrétaire. Qui le trouvera ? Quand ? Mystère !

Vive l'aventure."

Mademoiselle Lacocotte est complètement boulever-

sée par sa découverte. Elle a aussi le sentiment de vivre une aventure unique. Elle a refermé le cahier bleu lavande. Elle réfléchit, elle évoque le passé ; elle sait que sa tante Gélinotte n'est jamais revenue "des Amériques" ; elle y a passé toute sa vie, très heureuse, semble-t-il.

"Alors, conclut notre Poule grise, sa malle doit toujours être dans le jardin, car je suis la première à avoir lu son journal. Vivement demain !"

Elle est tellement impatiente, Mademoiselle Lacocotte, tellement intriguée qu'elle ne dormira pas de sitôt ! Ne vous étonnez donc pas si sa lumière brille toute la nuit.

A sa place, pourriez-vous vous rendormir ?

Des pas dans la nuit...

Il est trois heures du matin à Champignon-sous-Bois et ce paisible village semble bien dormir, sous sa douce couverture de brouillard. Aucune voiture ne circule dans les rues, aucun passant n'arpente les trottoirs. Ce n'est pas surprenant, me direz-vous, à pareil moment de la nuit !

Il est temps que les habitants, agités ce soir, commencent à se reposer.

Bien sûr, il y a encore de la lumière chez Monsieur Sur-Mesure, qui, apparemment, n'a pas fini de travailler, et chez Mademoiselle Lacocotte, incapable de trouver le sommeil. Mais partout ailleurs règne une bienfaisante obscurité, accompagnée d'un profond silence.

Partout, sauf dans la belle maison des Cochonnet ! Tout le monde dort, assurément ! Mais le silence n'y domine pas ! Loin de là !

Car Monsieur Cochonnet ronfle, ronfle comme une machine. Bruyamment, il ronfle dans sa grande chambre encombrée de dossiers, de livres et d'étagères, là où est exposée sa collection de trains miniatures.

C'est un vrombrissement continu qui résonne et ébranle tout l'étage !

Mais il n'est pas seul à ronfler chez lui !

Madame Cochonnet ronfle, elle aussi, très fort sur ses oreillers brodés, ses traversins en dentelle, dans ses châles douillets. Car elle est très frileuse et elle s'entortille, pour dormir, dans une incroyable quantité de lainages moelleux.

Or, malgré ces triples épaisseurs qui devraient pourtant étouffer le bruit de sa tonitruante respiration, le vacarme de ses ronflements transperce les murs de sa chambre et remplit le couloir !

Ce n'est pas le grondement continu de son mari, mais toute une gamme de reniflements bizarres et saccadés,

du plus aigu au plus grave avec parfois un couac, un silence et une reprise. Elle ronfle sur tous les tons !

Monsieur et Madame Cochonnet semblent participer au concours du meilleur ronfleur !

Toutefois, ce n'est pas ce tonnerre qui réveille leur fils Cornichon, mais un tout petit tapotement, discret et

régulier, qui vient du dehors, comme des pas dans le jardin : Tap ! Tap ! Tap !

Un petit bruit insolite, inexpliqué, inquiétant, un petit bruit que Cornichon n'a jamais entendu. Un petit bruit lancinant, obstiné, un petit bruit moqueur, irritant. Tap ! Tap ! Tap !

Étonné, troublé, le jeune Cochonnet se précipite dans le couloir, vers la chambre de sa maman.

Pour se protéger du froid, ou peut-être, tout simplement, pour se protéger d'un danger inconnu, il s'est enveloppé dans son édredon. Il a pris également avec

lui son petit cochon fétiche, en chiffon, celui qui est vêtu d'un costume d'Arlequin.

Cornichon ne remarque même pas les ronflements formidables de ses parents : il n'entend que le petit "Tap ! Tap ! Tap !" mystérieux, qui le poursuit.

Alerté par Cornichon, Madame Cochonnet se

réveille ! Réveillé à son tour par sa femme et son fils, Monsieur Cochonnet sort de son sommeil et voilà que s'organise, dans sa chambre, un conseil de crise.

Monsieur Cochonnet entrouve sa fenêtre : il n'y a aucun doute, on entend distinctement quelqu'un qui marche dans le jardin :

Tap ! Tap ! Tap !

La situation est grave. Prenant son souffle, il crie très haut : "Ohé ! Qui va là ?"

Personne ne répond. Le bruit de pas continue.

Tap ! Tap ! Tap !

— C'est trop fort ! Il faut en avoir le cœur net ! déclare le courageux Monsieur Cochonnet. Je vais voir !

— Je t'accompagne, mon Potiron, s'exclame héroïquement la bonne Madame Cochonnet.

— Moi aussi ! Moi aussi ! Je viens ! crie vaillamment le petit Cornichon.

Rassuré par la compagnie de ses parents, il trouve l'aventure plutôt comique, et puis, surtout, il ne tient pas à rester seul dans la grande maison.

D'abord, les uns et les autres s'habillent chaudement par-dessus leurs vêtements de nuit.

— Il fait vraiment froid dehors, affirme Monsieur Cochonnet, couvrez-vous bien. Chaussez-vous confortablement. Il s'agit d'une expédition !

Et, le premier, il se déguise en explorateur polaire.

Madame Cochonnet enroule plusieurs écharpes autour de son cou, elle a la gorge fragile, et elle noue

plusieurs foulards sur ses oreilles ; elle est sujette aux refroidissements et surtout aux otites.

Cornichon, lui, décide de garder son édredon sur le dos : ça lui donne l'illusion de se promener dans une petite hutte toute chaude !

Tous les trois, il faut bien l'avouer, ressemblent à des épouvantails à moineaux.

Ainsi costumés, ils descendent hardiment l'escalier, un peu raides, à cause de toutes ces épaisseurs, mais résolus à démasquer le mauvais plaisant qui se promène dans le jardin sans vouloir dire son nom.

Ils arrivent au rez-de-chaussée. Là, sur les conseils avisés de Madame Cochonnet, ils passent d'abord par la cuisine pour s'armer d'ustensiles divers. On ne sait jamais, ils pourraient être utiles !

Sans hésiter, ils choisissent leurs armes : un rouleau à pâtisserie, une écumoire et une louche.

Voilà notre trio parfaitement équipé pour sa ronde périlleuse.

Avec une belle détermination, Monsieur Cochonnet ouvre les verrous de la porte d'entrée et, sans un instant de recul, les trois braves sortent dans la nuit noire.

Mais, subitement, l'aventure leur paraît beaucoup moins amusante. Il fait froid, humide, et, au fond, ce n'est pas très agréable de se promener dans un jardin à trois heures du matin. Il y a des ombres inquiétantes, des rumeurs inconnues, un silence pesant, une atmos-

phère inhabituelle et tellement d'obscurité. Madame Cochonnet en frissonne.

— Tu devrais rentrer, ma petite Courgette, suggère Monsieur Cochonnet.

— Il n'en est pas question ! répond fièrement ladite Courgette. Je reste avec toi !

— Moi aussi ! Moi aussi ! renchérit Cornichon.

Tap ! Tap ! Tap !

A ce moment, le bruit devient de plus en plus précis, de plus en plus distinct.

— Qui va là ? demande, pour la deuxième fois, Monsieur Cochonnet.

Toujours aucune réponse si ce n'est une girouette qui grince plaintivement sur le toit. C'en est trop pour notre valeureux Cochon.

— Je n'aime pas beaucoup que l'on se moque de moi ! crie-t-il à la cantonade. Vous allez voir ce que vous allez voir !

Et, se retournant vers son épouse, il chuchote :

— C'est derrière la maison que l'"on" marche : j'y vais ! Attendez-moi ici !

Vous vous souvenez du jardin des Cochonnet ? Devant la maison, deux pelouses bien taillées s'alignent de chaque côté d'une allée de graviers, jusqu'à l'imposant mur de pierre qui sépare de la rue.

Derrière la maison s'ouvre le vaste parc, magnifiquement dessiné et entretenu ; puis, au-delà du parc, s'étale le potager.

Monsieur Cochonnet allume la lampe de poche dont il s'est muni et, téméraire et plein d'audace, il contourne le coin de sa maison et se dirige vers le parc.

On entend le crissement de ses pas sur le sable, mêlé au martèlement ininterrompu des autres pas.

Madame Cochonnet et Cornichon retiennent leur souffle. Ils se serrent l'un contre l'autre, très inquiets. Dans quelle affaire se sont-ils lancés ?

— Pourvu qu'il n'arrive pas malheur à ton papa, murmure Madame Cochonnet. Il y a peut-être une bande de brigands dans le jardin.

Cornichon pense que les brigands n'existent que

dans les livres d'aventures, mais il ne veut pas contredire sa maman.

Soudain, brisant le silence oppressant, retentissent d'énormes éclats de rires !

C'est le rire de Monsieur Cochonnet !

Madame Cochonnet regarde Cornichon. Cornichon regarde sa maman. Tous deux sont étonnés.

Mais ils n'ont pas le temps de réfléchir, car Monsieur Cochonnet les appelle.

— Venez voir ! Je suis près du massif de lilas !

Cornichon et sa maman s'engagent dans le parc obscur. Ils ne tardent pas à rejoindre Monsieur Cochonnet.

— Regardez ! leur dit-il avec un grand sourire. Regardez ce que j'ai découvert !

Et il leur montre, à la lueur de sa torche électrique, le robinet d'arrosage du jardin.

Or ce robinet a été mal fermé, l'eau coule, goutte à goutte, sur une feuille morte : "Tap ! Tap ! Tap !", produisant ce petit bruit mystérieux, si angoissant.

Et voilà ce qui a tant effrayé cette brave famille Cochonnet ! Il y a vraiment de quoi rire.

— C'est pour ces trois gouttes d'eau que je suis sorti de mon lit chaud ! s'esclaffe Monsieur Cochonnet.

— C'est pour ces trois gouttes d'eau que nous nous sommes armés jusqu'aux dents ! pouffe Madame Cochonnet.
— Ce sont ces trois gouttes d'eau que Maman a pris pour une bande de brigands ! plaisante Cornichon.

Riant, se taquinant à qui mieux mieux, tout contents que l'aventure ait une si bonne fin, les trois Cochons rentrent chez eux et Monsieur Cochonnet claque joyeusement la porte derrière lui !
— Attention, mon cher Potiron, réprimande affectueusement son épouse, tu vas réveiller tout le voisinage ! Quelle aventure ! Quelle aventure ! répète-t-elle. Se promener à presque quatre heures du matin dans le

jardin, par une nuit d'automne et de brouillard, à la poursuite de brigands fantômes ! Quelle folie ! Quelle extravagance ! Quelle émotion. Nous ne pourrons jamais nous rendormir. Il faut que je prépare une tisane calmante, à la fleur d'oranger.

— Moi, je préférerais du chocolat chaud ! déclare tranquillement Cornichon.

— Il n'en est pas question, tu auras de la tisane de fleur d'oranger ! rétorque sa maman d'un ton ferme. Nous venons de vivre un événement bouleversant ! Il faut nous remettre !

— Tu as raison, ma petite Courgette, dit Monsieur Cochonnet. Tu as toujours raison : remettons-nous !

Et tous trois éclatent de rire.

Trompette, clarinette ou l'art de se rendormir

Madame Cochonnet avait deviné juste : le bruit de la porte, claquée à toute volée par son cher Potiron, n'a pas manqué de réveiller leur voisine, la douce Madame Chattemite !

Et pourtant, sa maison est séparée de la leur par un grand jardin et surtout par une haie touffue de tuyas et de lauriers. Mais, dans le profond silence qui règne à quatre heures du matin sur la petite ville de Champignon-sous-Bois, ce claquement a résonné comme un coup de tonnerre !

Donc, notre bonne Madame Chattemite a sursauté derrière les rideaux de son lit, arrachée à ses rêves !

Elle ne sait plus où elle est, si c'est le matin, le soir, mardi, jeudi ou dimanche... Son cœur bat très vite : elle y porte ses deux pattes pour le calmer.

Puis, elle reprend peu à peu ses esprits et se met à parler toute seule :

“Bon ! Bon ! Je me suis couchée très tard, puisque j'ai tenu compagnie à Madame Serpolet jusqu'à onze heures passées. J'étais très fatiguée, je me suis endormie immédiatement. Au fait, quelle heure est-il ? Trois heures ? Non ! Quatre heures ! Mais c'est très tôt ! Pourquoi me suis-je éveillée ?

Ah ! Oui ! Je me souviens maintenant : à cause d'un

bruit très fort. Je me demande ce que c'était : il faut que j'aille voir."

Notre Chatte est courageuse : il n'est pas question pour elle d'enfouir sa tête sous ses draps !

Elle se lève vivement, enfile ses pantoufles, s'enroule gracieusement dans un châle et part dans le couloir regarder par la fenêtre qui donne sur la rue. Madame Chattemite l'ouvre doucement, puis repousse le volet qui grince aigrement, et plonge son regard dans la nuit.

Personne dehors. Pas un bruit, pas un mouvement. Un silence impressionnant et toujours le brouillard, plus épais que jamais.

"J'ai dû rêver, je vais me recoucher."

Pour se rendormir, elle a un secret : elle se couche

bien à plat sur le dos et puis, tranquillement, sans hâte ni impatience, elle compte tout haut :

Une trompette, une clarinette !
Deux trompettes, deux clarinettes !
Trois trompettes, trois clarinettes
... et ainsi de suite !

Cette comptine doit être magique, car, trois minutes plus tard, Madame Chattemite dort profondément.

Sa grand-mère, Madame Toute-Douce, lui a appris cette ritournelle, facile à retenir. Et, depuis qu'elle est petite, notre Chattemite l'utilise avec succès. Si, une nuit, vous avez de la peine à dormir, essayez cette formule, elle vous réussira peut-être !

Dring ! Dring ! Dring !

Une sonnerie insistante trouble soudain la paix de la vaste maison assoupie.

La sonnerie criarde s'obstine. Madame Chattemite est à nouveau tirée du sommeil.

"C'est le téléphone !" balbutie-t-elle, inquiète. Elle sort de son lit, mal réveillée, chancelante, les yeux mi-clos et descend l'escalier en titubant. Son téléphone se trouve dans le vestibule. Elle marmonne : "Pourvu que ce ne soit pas une mauvaise nouvelle... Qui peut bien m'appeler à cette heure de la nuit ? J'espère qu'il n'est rien arrivé à ma chère fille ou à ses enfants."

Madame Chattemite décroche le récepteur en tremblant d'inquiétude.

— Allô ! Allô ! crie une voix énervée. Est-ce bien la gare de Champignon-sous-Bois ?

— Non, Monsieur, vous faites erreur ! répond Madame Chattemite, à la fois soulagée que l'appel ne soit pas pour elle, mais furieuse d'avoir été dérangée.

Elle remonte se coucher en ronchonnant.

Heureusement que sa formule magique : "Une trompette, une clarinette" lui permet de se rendormir sur le champ !

Mais à peine s'est-elle assoupie qu'une nouvelle sonnerie, pressée, irritante,

Dring ! Dring ! Dring !

vient tourmenter notre douce dormeuse.

Madame Chattemite se tourne, se retourne sur ses oreillers et puis soudain se dresse en criant :

— C'est encore le téléphone !

Et elle redescend l'escalier, agacée.

— Allô ! Allô ! questionne une voix maniérée. Suis-je à la gare des Trois-Epis ?

— Non, Madame, vous faites erreur ? rétorque froidement la Chatte.

— Tiens ? C'est bizarre... Mais, au fait, peut-être savez-vous à quelle heure il y a un train pour la ville de Plein-Soleil ?

— Non, Madame ! Désolée, Madame ! Je ne suis pas un bureau de renseignements, Madame ! Il est quatre heures et quart du matin, Madame ! Et j'aimerais bien dormir, Madame ! Bonsoir, Madame !

Et clac ! Madame Chattemite raccroche le combiné d'un air courroucé.

Elle remonte chez elle, et, cette fois, doit compter jusqu'à neuf trompettes et neuf clarinettes, pour retrouver le sommeil !

Elle ne tarde pas à rêver. Elle conduit une locomo-

tive et mène sa formidable machine avec une facilité surprenante, enchantée de voir les petits nuages de vapeur s'envoler en jolis panaches.

Au loin se profile une ville inconnue... Madame Chattemite va bientôt l'atteindre, lorsque, soudain, elle se réveille à nouveau.

Son rêve se dissipe, sa belle locomotive disparaît par enchantement et elle se retrouve dans son lit !

Elle s'assied, abasourdie, sur le bord de son matelas : sa chambre est emplie de rires, de cris, de chansons ! On s'interpelle, on pousse des hourras sonores, on applaudit ! D'où vient ce tohu-bohu ?

En châle, pantoufles et soupirs, Madame Chattemitte va dans le couloir, à son poste d'observation de la petite fenêtre qui domine la rue.

De là, elle découvre un groupe de jeunes sportifs, des cyclistes qui sortent de l'auberge des Trois-Girolles, follement gais et espiègles !

Elles remarque surtout une bande de joyeux Canards, qui hurlent des refrains comiques.

Notre Chatte les regarde quelques instants, amusée, et puis s'exclame, pour elle-même : “Ah ! je me rappelle à présent : le cuisinier de l'auberge m'a annoncé hier que les cyclistes de Folle-Avoine viendraient célébrer l'anniversaire de leur club dans son restaurant. Et bien, la soirée a dû être réussie, car il est très tard, ou très tôt, comme on veut. Tous ont l'air content.”

Les rires résonnent, les plaisanteries se multiplient.

— Comme c'est beau la jeunesse ! murmure avec

indulgence notre bonne Chattemite en refermant sa fenêtre.

“C’est beau, la jeunesse, mais moi, j’ai besoin de dormir, maintenant ! Ah ! Quelle nuit ! Quelle nuit ! Couchée trop tard ! Réveillée trois fois de suite ! C’est presque incroyable. Allons :

Une trompette, une clarinette !
Deux trompettes, deux clarinettes...”

La douce comptine agit toujours : quelques minutes plus tard, Madame Chattemite dort paisiblement. Mieux ! elle rêve.

Cette fois-ci, elle est juchée sur un extravagant vélocipède de l’ancien temps, avec une immense roue devant et une toute petite roue à l’arrière.

Ce ne doit pas être facile de garder son équilibre sur un engin aussi étrange ! Et pourtant notre Chatte circule avec assurance, tournant, virevoltant, inventant mille acrobaties audacieuses et risquées. C'est une artiste !

Mais soudain, horreur ! son extraordinaire bicyclette se met à pencher dangereusement sur le côté ; elle ne peut plus la retenir, elle va tomber, c'est sûr, se rompre le cou, c'est certain !

A l'instant même où, patatras ! elle s'écroule, Madame Chattemite se réveille, agrippée à son doux oreiller de plumes !

Elle comprend rapidement pourquoi son joli rêve amusant s'est brisé, pourquoi son sommeil, si doux, a été interrompu : on sonne à sa porte d'entrée !

Oui, il n'y a pas de doute, cette sonnette qui carillonne à travers toute la maison est bien celle de la porte d'entrée !

Le cœur de Madame Chattemite palpite. Qui peut bien sonner à sa porte à presque cinq heures du matin ! C'est à coup sûr une mauvaise nouvelle qu'on lui apporte.

Pire ! Voilà qu'on farfouille dans sa serrure ! Heureusement qu'elle est intrépide, notre Chattemite.

En un clin d'œil, elle a filé à son observatoire, au fond du couloir !

En bas, le bruit de clé dans la serrure devient de plus en plus insistant.

Madame Chattemite ouvre vivement la fenêtre et se penche au dehors.

Elle aperçoit, dans l'ombre, la silhouette de quelqu'un qui tente d'ouvrir sa porte.

— C'est trop fort ! se dit-elle. Je veux voir le visage de cet olibrius et lui dire ma façon de penser !

Elle court chercher une lampe de poche, dirige vers l'inconnu sa lumière tremblotante et alors, dans la faible clarté, reconnaît... vous ne devinerez jamais qui...

... le Docteur Sparadrap !

Elle est complètement stupéfaite !

— Docteur Sparadrap ? appelle-t-elle de sa voix mélodieuse mais un peu courroucée. Que fabriquez-vous à cette heure-ci devant ma porte ?

Interloqué, le Docteur Sparadrap lève la tête et découvre Madame Chattemite. Il se tape alors sur la tête :

— Comme je suis distrait ! s'exclame-t-il. J'étais persuadé de me trouver devant chez moi ! Maintenant, je m'explique pourquoi ma clé refusait de tourner dans la serrure : ce n'était pas la bonne serrure ! Je suis confus, désolé, navré de vous avoir ainsi réveillée. C'est en partie à cause de ce brouillard qui me trouble la vue et puis, je dois avouer que je suis un peu fatigué, je rentre d'une consultation d'urgence.

Mais, tout de même, je suis inexcusable. Pardonnez-moi, chère voisine. Je regrette de vous avoir tirée du lit

et donné tant d'émotions : j'espère que vous pourrez vous rendormir.

— Oh ! Soyez sans crainte, Docteur, je connais une recette infaillible : dans les cinq minutes, je serai complètement assoupie !

— Dans ce cas, bonne nuit, chère Madame Chattemite. Et excusez-moi encore !

— Bonne nuit, Docteur ! Ou plutôt, bonjour ! Il est déjà cinq heures du matin.

Madame Chattemite retourne dans sa chambre, et le Docteur Sparadrap retrouve sa maison, qui est située, comme vous le voyez, à la porte à côté...

Le voyage fantastique de Freluquet

Vous vous souvenez de Freluquet le Biquet ! C'est le cousin des petits Moutons de la Belle-Toison.

C'est aussi l'ami de l'Ourson Macaron Brioché. Leurs jardins communiquent, vous vous rappelez, par une petite porte bleue.

Il est également le camarade préféré de l'écureuil Clin d'Œil. Ce dernier l'a justement invité à passer deux jours chez lui.

Ils ont dîné ensemble chez Peloton qui fêtait son

anniversaire. Puis Madame Ecureuil est venue les chercher. Dans le brouillard, ils ont rejoint sa jolie maison en bois, située un peu en dehors du village, au bord d'un ruisseau chantant.

Clin d'Œil et Freluquet se sont vite endormis.

Tiens ! Tiens ! Voilà Freluquet et Clin d'Œil, tous deux en pyjama, appuyés contre le bastingage d'un fier voilier. Ils regardent le rivage qui s'éloigne rapidement. Là-bas, leur maison semble déjà toute petite.

Madame Ecureuil leur dit au revoir en agitant un grand mouchoir.

Le capitaine du navire a convoqué les deux amis dans sa cabine.

C'est curieux ! Ce capitaine ressemble comme deux gouttes d'eau au professeur de natation de la piscine de Champignon-sous-Bois, le fameux Monsieur Laloutre ! On dirait vraiment que c'est lui.

Il porte un uniforme impeccable, avec des boutons dorés, et une magnifique casquette, mais... sur cette casquette repose, en équilibre, un énorme chou-fleur !

— Bienvenue à bord, les moussaillons ! leur dit-il d'une voix solennelle. Je m'appelle le capitaine Surprise !

Allez revêtir vos uniformes ! Racine d'estragon et branche de céleri ! Et puis, rassemblement sur le pont !

Comme s'ils avaient toujours vécu sur ce voilier, Freluquet et Clin d'Œil découvrent facilement leur petite cabine. Il y a deux hamacs et un grand coffre, garni d'habits de marin.

En cherchant, ils trouvent aisément leur taille, puis ils s'habillent à la hâte. Comme c'est amusant d'enfiler ces jolis costumes !

— On dirait Mardi gras ! remarque Clin d'Œil.

— Moi qui ai toujours rêvé de me déguiser en matelot ! ajoute Freluquet avec un soupir de contentement.

— Par les brins du persil frisé, venez vite ici ! leur crie le capitaine Surprise. Venez, que je vous présente à l'équipage !

Et il leur fait passer en revue sept Goélands, en tenue

réglementaire. Chacun porte sur son béret, en guise de pompon, un beau légume !

Nos amis admirent ainsi un poireau, une carotte, un navet, une courgette, une tomate, un radis, un fenouil.

— On dirait la visite d'un potager ! souffle Clin d'Œil à son ami.

Mais Freluquet trouve ces coiffures parfaites et complimente le capitaine, qui le surnomme affectueusement "Graine de brocoli" !

Commence alors l'apprentissage pour nos deux mousses ! Il faut laver le pont, avec du savon noir et de rudes balais, frotter, frotter, des heures durant, en chantant :

"Chardons ! Chiendents ! Tous des sacripants !"

Il faut grimper à la hune, de jour, de nuit, et par tous les temps, en répétant :

"Plus haut ! Plus haut ! Espèce de haricot !"

Clin d'Œil n'a aucune difficulté et remplit toutes ces tâches avec une facilité stupéfiante. Il n'en est pas du tout de même pour le Biquet Freluquet. Il n'a que des problèmes et des malheurs.

En astiquant la passerelle, il glisse dans l'eau savonneuse, dérape, se prend les pattes dans son balai et, badaboum ! finit par s'étaler de tout son long sur le dur plancher.

C'est pire encore lorsqu'il lui faut se hisser en haut des mâts ! Le pauvret a le vertige ! Et, comble de malchance, il s'est levé un petit vent capricieux qui fait tanguer le voilier, battre les voiles, trembler tous les cordages. Notre Biquet claque si fort des dents qu'il a beaucoup de peine à chanter le refrain approprié :

"Plus... haut ! Plus... plus haut ! Es-es-pèce de... de... de... Ha-ha-ha-haricot !"

La mer est maintenant démontée. C'est un spectacle tellement impressionnant qu'il ferme les yeux, agrippé à son mât, et se laisse balloter comme un fétu de paille.

Moqueur, le capitaine Surprise le traite de "pâle salsifi !" mais sans méchanceté. Puis le calme revient.

Le voilier file gaiement sur les flots bleus. Il danse, tangue, vogue. Les matelots sifflent à tue-tête :

"Ô gué ! La belle aventure, ô gué !"

Le capitaine Surprise arpente le pont et fredonne "Vive les rutabagas ! Tralala !"

Soudain apparaît à l'horizon une île coiffée de palmiers et de cocotiers.

Le capitaine ajuste sa longue-vue et examine la terre inconnue.

— Y a-t-il des volontaires pour explorer cet îlot ? demande-t-il à la ronde.

— Moi ! s'écrie aussitôt l'Ecureuil Clin d'Œil.

— Moi aussi ! renchérit le Biquet Freluquet.

L'équipage met à l'eau un joli canot et les deux amis sautent lestement à son bord. Puis, ho-hisse, ho-hisse, ils rament avec énergie.

— Tu crois que l'île est habitée ? demande Freluquet.

— Nous allons bientôt le savoir, répond Clin d'Œil.

A chaque coup d'aviron, la côte se rapproche.

C'est amusant d'avancer si vite, d'entendre le clapotis de la mer, de sentir la brise parfumée.

Ils pénètrent bientôt dans une petite crique abritée du vent et peu profonde. Ils sautent à l'eau et tirent leur embarcation sur la plage de sable fin.

— En avant ! crie hardiment l'Ecureuil, le plus intrépide des deux.

— En avant ! répète le Biquet, qui ne peut s'empêcher d'être un tout petit peu inquiet. Qui vont-ils rencontrer sur cette île mystérieuse ?

Les deux explorateurs s'enfoncent à l'ombre des cocotiers et suivent un petit sentier qui grimpe à flanc de colline. Tout est calme.

Le silence, soudain, est animé par le gazouillis d'une source. Délaissant leur sentier, Clin d'Œil et Freluquet se laissent guider par la chanson de l'eau et trouvent bientôt un ruisseau, où ils se désaltèrent avec délice.

— Regarde ! Regarde ! crie soudain l'Ecureuil. Regarde les buissons ! Là, regarde !

Freluquet examine leurs branches avec une certaine crainte. Mais c'est pour découvrir qu'elles sont chargées de sucettes et de pains d'épice !

Quel rêve ! Nos voyageurs goûtent sans tarder à ces appétissantes friandises. Tout occupé à savourer ces petites douceurs, ils ne s'aperçoivent pas qu'un orage se prépare.

Tout à coup il fait très sombre. Le ciel se couvre de nuages noirs et menaçants. On entend, au loin, des grondements inquiétants qui se répercutent de rochers en rochers.

Et voilà que se déchaîne la pluie, un vrai déluge ! L'Ecureuil et le Biquet coupent de larges feuilles et s'en

servent de parapluies. Mais la tornade est vraiment trop violente !

Des éclairs terrifiants zèbrent le ciel obscurci, des coups de tonnerre assourdissants ébranlent l'île tout entière. Des torrents d'eau ruissellent à grand fracas.

Trempés, hébétés, à demi-suffoqués, Clin d'Œil et Freluquet découvrent par hasard l'entrée d'une caverne. Un tronc d'arbre leur barre le passage. Les deux amis l'enjambent tant bien que mal et se réfugient dans la grotte.

Reprenant peu à peu leur souffle, ils se secouent. Clin d'Œil éclate de rire :

— Quelle bonne douche ! Je m'en souviendrai !

Cependant l'orage s'éloigne, le soleil brille à nouveau. Ses longs rayons éclatants pénètrent à l'intérieur de la caverne.

L'Ecureuil et le Biquet s'aperçoivent alors, avec un frisson d'horreur, que le “tronc d'arbre”, à l'entrée de leur abri, est en réalité la queue d'un dragon endormi, d'un ENORME DRAGON endormi, qui ronfle haut et fort, tranquillement !

Ils ne l'ont pas entendu, tout à l'heure, à cause du vacarme de l'ouragan.

Que faire ? Clin d'Œil se gratte l'oreille et Freluquet claque des dents.

Il faut, coûte que coûte, sortir de son antre au plus vite sans le réveiller !

Un ! Deux ! Trois ! Hop ! L'Ecureuil prend son élan et

réussit à sauter par-dessus le dragon sans donner l'alerte.

Au tour de Biquet.

Mais... l'énorme dragon se réveille ! Et, juste au moment où Freluquet s'apprête à bondir, l'animal fantastique se redresse, ondule et enroule son interminable queue autour du Biquet ! Terrible situation ! Epouvantable spectacle !

Freluquet voit de tout près les yeux du dragon qui luisent comme des braises, ses écailles piquantes qui se hérissent avec un crissement horrible et lugubre, ses dents crochues qui cliquètent et s'entrechoquent !

Il sent son souffle brûlant passer sur sa figure, tandis que s'ouvrent ses gigantesques mâchoires.

Freluquet pousse un grand cri !... et se réveille, tout entortillé dans ses couvertures, comme dans les anneaux de la queue du dragon !

Il se frotte les yeux, rassemble ses esprits et comprend qu'il a rêvé.

Mais quel cauchemar ! Notre pauvre Biquet en tremble encore.

Il regarde autour de lui et ne reconnaît pas sa chambre, ce n'est pas surprenant puisqu'il se trouve chez son ami Clin d'Œil, qui l'a invité à passer chez lui la fin de la semaine.

Le Biquet se rappelle tout, désormais, et voit le petit Ecureuil qui dort, souriant paisiblement dans le lit, à côté du sien.

Malgré l'heure matinale — il n'est pas tout à fait six heures — il n'hésite pas à réveiller Clin d'Œil et lui raconte son rêve, avec tous les détails : le chou-fleur sur la casquette du capitaine Surprise, les légumes décorant les bérets des matelots, les refrains abracadabrants, l'île mystérieuse, l'arbre à sucettes, l'ouragan, le dragon redoutable !

L'Ecureuil déclare : "Je crois que tu as mal digéré le "suprême de chou-fleur" et la "timbale de légume" que Madame de la Belle-Toison a servis au dîner, hier soir ! Et le murmure du ruisseau, qui clapote sous nos fenêtres, a troublé ton sommeil, te donnant l'idée de ce voyage en navire ! Comme je regrette de ne pas avoir fait le même rêve : je me serais bien amusé."

Les deux amis éclatent de rire et continuent à bavarder, au lieu de se rendormir.

Les gâteaux du dimanche !

Le dimanche matin, tous les habitants de Champignon-sous-Bois ont l'habitude de faire la grasse matinée, tous à l'exception de Monsieur et de Madame Brioché, propriétaires, vous le savez, de la "Boulangerie-Pâtisserie" située au milieu de la Grand-Rue. Le dimanche, c'est le jour des gâteaux, et ces gâteaux, il faut les préparer.

Pour cette raison, Balthazar Brioché et son épouse sont à leur poste depuis plus d'une heure déjà, malgré le brouillard qui invite au sommeil, malgré la fraîcheur

matinale qui fait paraître plus tentante la tiédeur des oreillers, ils s'activent prestement dans le fournil, au fond de leur boulangerie.

A six heures précises, on frappe à la porte de l'arrière-boutique.

Surpris, Monsieur Brioché va ouvrir et se trouve nez à nez avec Monsieur Laverdure, le plus proche voisin du mitron, qui vient justement annoncer que son ami est malade. Il ne pourra pas venir travailler aujourd'hui.

— Si vous le voulez, je peux le remplacer, propose-t-il.

— Je suis jardinier, il est vrai, mais tout prêt à vous aider !

Monsieur Brioché, perplexe, tire sur son menton ; la situation est grave : il y a tant de commandes le dimanche matin ! Il réfléchit, tout en surveillant la cuisson d'une première fournée de pain.

Madame Brioché respecte son silence, et puis suggère doucement :

— Monsieur Laverdure et moi pouvons t'aider.

— Oui, mais il n'y aura personne à la boutique.

— Peut-être notre voisine, Madame Chèvre, accepterait-elle de tenir la caisse ? Et puis je vais réveiller Macaron : il est grand et dégourdi, il saura servir les gâteaux !

Sitôt dit, sitôt fait !

Madame Brioché monte dans la chambre de son petit ourson Macaron. D'ordinaire, elle le réveille à huit heures du matin ; elle a donc deux heures d'avance... Et il dort profondément. Elle doit le secouer à plusieurs reprises. Elle lui explique la situation et lui demande de s'habiller sans tarder :

— Pressons, pressons, mon petit Macaron ! dit-elle affectueusement.

Le pauvre Ourson se frotte les yeux et bâille à se décrocher la mâchoire. A cause du dîner d'anniversaire de son ami Peloton, il s'est couché fort tard. Sa nuit lui a paru courte. En fait, il a l'impression qu'il vient à peine de s'endormir !

Sa maman redescend, s'enveloppe d'un grand châle pour se protéger du brouillard, toujours tenace, et, pressons, pressons, s'élance dans son jardin obscur.

Elle passe par la petite porte bleue qui sépare les deux jardins et s'en va frapper chez sa voisine.

Elle attend plusieurs minutes, s'impatiente gentiment mais attend encore.

Voilà enfin Madame Chèvre, toute ensommeillée, et en robe de chambre, qui apparaît sur le seuil.

Elle écoute ce que lui raconte Madame Brioché, s'efforce de comprendre, marmonne : "Oui, bien sûr, certainement, accepte de venir aider, promet de se préparer le plus vite possible..."

Madame Brioché rentre chez elle comme une flèche et se hâte pour aller prendre sa place.

Quelle activité dans le fournil ! Monsieur Brioché a établi son programme de cuisson : d'abord le pain, puis les brioches et les croissants, et ensuite, tous les gâteaux, les fameux gâteaux du dimanche !

Pour l'instant, il est occupé à pétrir de la pâte : avec de larges mouvements souples et réguliers, il tire, étire, presse, remue, malaxe, modèle, travaille sa préparation légère, molle et docile.

Monsieur Laverdure, à qui l'on a prêté un ample tablier blanc, surveille attentivement le four.

Il déborde de bonne volonté. Ce travail inattendu l'amuse et l'intéresse. Ça le change du jardinage ! Repiquer des salades, semer des radis, bouturer des géraniums ou tailler des rosiers, il connaît par cœur, mais régler la chaleur de cet immense appareil, c'est nouveau et passionnant ! Il s'y applique, comme un bon élève, et se sent tout fier lorsque Monsieur Brioché le félicite pour son travail.

Madame Brioché, elle, aligne sur la table tous les moules qui seront nécessaires ce matin.

— Cela gagnera du temps... murmure-t-elle pour elle-même.

Elle les met en ordre, et elle vérifie qu'ils sont bien propres, prêts à servir.

— Bonjour ! lance soudain une petite voix fraîche.

Surpris, nos trois travailleurs lèvent les yeux et aper-

çoivent Macaron, bien habillé, bien réveillé, gai et propret, énergique malgré l'heure matinale.
— Tu tombes à pic ! lui dit en riant son papa. Tu vas aller dans l'arrière-boutique chercher les grands

paniers à roulettes, ils serviront à transporter la première fournée de pains ronds !

Macaron se retrouve ainsi conducteur de paniers, une tâche amusante, variée, qui lui plaît.

"Je ne regrette pas du tout de m'être levé, pense-t-il, en amorçant, avec son engin, un virage acrobatique. Ce qu'il préfère, ce sont les pointes de vitesse dans la ligne droite du corridor !

— Me voilà ! chantonne en arrivant une Madame Chèvre toute guillerette, entrée discrètement par la porte du jardin.

Elle est toute pimpante, joliment bouclée, fleurant bon un léger parfum de mandarine, pétillante d'entrain et de bonne humeur. Personne ne croirait que l'on vient de la sortir de son lit.

— Merci d'être venue, ma chère voisine ! s'exclame Madame Brioché avec reconnaissance. Vous nous sauvez la vie !

— Je vous en prie, je vous en prie, n'exagérons rien ! Dites-moi plutôt en quoi je puis vous être utile.

— D'abord, je vais vous donner un tablier, répond Madame Brioché, en lui présentant un coquet tablier blanc, repassé et amidonné.

Décidément, Madame Chèvre fera une caissière très gracieuse !

Pour l'instant, elle s'empresse d'aider de son mieux Monsieur et Madame Brioché.

Avec le sourire, elle leur passe les ustensiles dont ils ont besoin.

Puis elle compte les pains qui sont déjà cuits et note leur nombre sur un petit carnet spécial.

Et surtout, elle range sur une large grille les croissants et les brioches, sortis du four depuis quelques minutes, mais suffisamment refroidis ; elle les saisit et les pose délicatement pour ne pas les émietter, puis les ordonne avec beaucoup de soin. Son zèle et sa bonne humeur font plaisir à voir.

Ensuite, quittant le fournil, Madame Chèvre emporte avec précaution le précieux fardeau. Elle emprunte le long couloir qui mène à la boulangerie. Elle n'est pas familière des lieux et ne voit pas la petite marche à l'entrée de la boutique. Elle trébuche et perd l'équilibre avec toute sa cargaison de brioches et de croissants !

Heureusement, Macaron arrive en sens inverse, et, heureusement, il a de bons réflexes !

Hop-là ! Il rattrape la grille en plein vol, la redresse et l'équilibre.

Quelle habileté ! C'est un véritable numéro de voltige ! Grâce à lui, les brioches et les croissants ont échappé à un triste accident ! Bravo, Macaron !

Maintenant, il faut préparer l'étalage, l'étalage du dimanche ! Et alors, quelle surprise ! On croirait que Madame Chèvre fait ce travail tous les jours tant elle montre d'assurance et d'invention.

Regardez-la se jucher avec autorité en haut de l'escabeau, examiner la situation, réfléchir, composer son plan et commencer l'arrangement !

Bientôt, elle dresse des couronnes de brioches, construit des pyramides de croissants, déroule des alignements de petits pains ronds.

Elle déborde d'imagination !

“J'ai une idée” s'écrie-t-elle soudain à haute voix, bien qu'elle soit seule dans la boutique. Je vais mettre un bouquet de fleurs au milieu de la vitrine : cela donnera une note de couleur, un air de fête, tout ce qu'il faut pour le dimanche !

Alors, elle retourne dans son jardin et coupe, plus ou moins à tâtons, car il fait encore sombre, quelques dahlias, trois roses tardives, une branche de feuillage.

Elle a raison, ces fleurs ressemblent à un sourire au centre de l'étalage.

Ravie de ce beau résultat, elle ne peut s'empêcher de chanter, de sa jolie voix à trémolos, un air d'opéra qu'elle aime particulièrement :

“Funiculi, funiculi, funicula !”

Pendant ce temps, dans l'arrière-boutique, Madame Brioché décore de crème Chantilly les premières tartelettes sorties du four.

D'habitude, c'est le mitron qui est responsable de cette opération délicate ; mais Madame Brioché, il faut l'avouer, se révèle très adroite.

Hop ! Hop ! Hop ! trois petits tours ! et elle a dessiné une arabesque, une fleur, une étoile, toutes plus charmantes les unes que les autres !

Peut-être Madame Brioché ne le sait-elle pas, mais, je vous l'affirme, c'est une artiste !

Maintenant, avec la même finesse, elle nappe de confiture des sablés ronds, à double épaisseur, au milieu desquels sont découpés des cercles dentelés.

Ensuite, pressons, pressons ! Elle court à la boutique ! S'extasie sur l'étalage et complimente chaleureusement Madame Chèvre. Puis elle lui montre comment tenir la caisse et se servir de la machine.

La Chèvre est une élève douée qui comprend rapidement ce qu'on attend d'elle.

— C'est vraiment gentil d'être venue nous aider ! répète la bonne Oursonne. Comment vous remercier ?

— Ne me remerciez pas, cela m'amuse énormément ! affirme sincèrement Madame Chèvre, qui ajoute : c'était facile aujourd'hui, car mon Biquet Freluquet est invité chez son ami Clin d'Œil, et je n'ai pas à m'occuper de lui. Je suis libre d'être votre caissière !

Tout est en place, désormais, pour l'accueil des clients, dans la charmante boulangerie où flotte une odeur exquise de pain tiède et de croissant chaud, à laquelle se mêlent les parfums plus subtils de la vanille et du caramel, de la cannelle et du chocolat.